2-

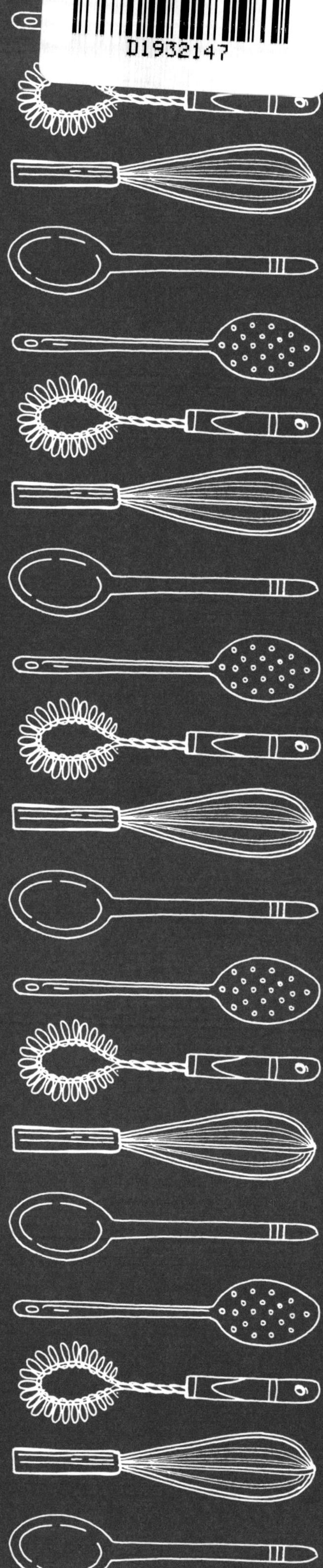

Das große Koch- & Backbuch für Diabetiker

Michelle Berriedale-Johnson

Das große Koch-&Backbuch für Diabetiker

Bechtermünz Verlag

Originaltitel: The Diabetic Cookbook

Zuerst veröffentlicht durch Lorenz Books
Lorenz Books ist ein Imprintverlag von
Anness Publishing Limited

Deutsche Erstausgabe

Produktion der deutschen Ausgabe:
Thomas Heider, Bergisch Gladbach
Übersetzung: Karin Strack, Bergisch Gladbach
Ernährungsberatung: Helen Daniels
Design: Ian Sandom
Fotografie: James Duncan
Styling: Rosie Hopper
Umschlaggestaltung: Studio Höpfner-Thoma, München
Umschlagmotiv: StockFood, München
Gesamtherstellung: Star Standard Industries Pte. Ltd.
Printed in Singapore
ISBN 3-8289-1027-0

Hinweis

Den Rezepten in diesem Buch liegen folgende Mengenangaben zugrunde:
1 Teelöffel (TL) = 5 ml, 1 Eßlöffel (EL) = 15 ml, 1 Tasse = 250 ml.
Es werden mittelgroße Eier verwendet, falls nicht anders angegeben.
1 Broteinheit = 1 BE (12 g Kohlenhydrate). Die Angaben der BE sind auf- bzw. abgerundet.

INHALT

Einleitung

Wenn Sie dieses Buch zur Hand nehmen, ist vielleicht bei Ihnen (oder einem Freund, Kind oder Elternteil) Diabetes festgestellt worden. Dann haben Sie schon eine gute Vorstellung davon, was es heißt, Diabetiker zu sein. Da jedoch das Verstehen einer Situation oft der Schlüssel ist, damit besser fertigzuwerden, lohnt es sich festzustellen, was Sie genau darüber wissen.

Lassen Sie sich nicht von der Flut der ziemlich trockenen Informationen auf den nächsten Seiten einschüchtern. Die Grundsätze für den Umgang mit Diabetes sind nämlich sehr einfach.

Die meisten Diabetiker führen ein sehr gesundes und normales Leben – einige sind sogar zu sportlichen Höchsteistungen in der Lage, von denen manche Nichtdiabetiker nur träumen. Also, fassen Sie Mut!

Was ist Diabetes?

Der Name *diabetes mellitus* kommt aus dem Griechischen (*diabetes* – »Siphon«; *mellitus* - »Honig«, weil der Urin eines Diabetikers süß ist) und beschreibt einen Zustand, bei dem der im Blut zirkulierende Zucker (Glukose) nicht richtig absorbiert werden kann. Dies führt zu extrem hohen Blutzuckerwerten, die kurzfristige als auch langfristige Probleme verursachen können.

Genauer betrachtet heißt das: Glukose (eine Form von Zucker) ist der Hauptbrennstoff des Körpers – sie versorgt uns mit Energie. Wir nehmen Glukose aus stärke- und zuckerhaltigen kohlehydratreichen Nahrungsmitteln wie Kartoffeln, Reis, Bohnen, Brot, Keksen, Kuchen, Zucker und Süßigkeiten auf. Beim Kauen zerlegen die Enzyme im Speichel diese Nahrung, ein Prozeß, der von den Magensäuren fortgesetzt wird. Im Bauch treten dann die Verdauungssäfte aus der Bauchspeicheldrüse und der Gallenblase in Aktion, und wenn die Nahrung in den Darm gelangt, ist sie so weit zerlegt (einschließlich der Glukose), daß die Zuckermoleküle durch die Darmwand ins Blut übertreten können. Die Glukose im Blut durchströmt die Leber, wo ein Großteil davon gespeichert wird, und gelangt in die Blutzellen, wo sie Energie liefert.

Die Glukose im Blut kann jedoch nicht in die Zellen der Leber oder einen anderen Teil des Körpers eindringen, wenn nicht eine Chemikalie (Insulin) »die Tür zu den Zellen öffnet«. Insulin ist ein in der Bauchspeicheldrüse erzeugtes Hormon, das dort gespeichert wird, bis ansteigende Glukosemengen im Blut eine chemische Reaktion auslösen, die das Insulin freisetzt. Sobald das Insulin in den Blutkreislauf gelangt, koppelt es sich an die Körperzellen mittels sogenannter Insulinrezeptoren an (ein Vorgang, der mit dem Andokken von zwei Raumschiffen vergleichbar ist). Diese Verbindung bewirkt chemische Veränderungen in den Zellwänden, die die Glukose in die Zelle eindringen lassen, wo sie in Energie umgewandelt werden kann.

Bei einem Nichtdiabetiker erfolgt dieser Überwachungs- und Auffüllprozeß automatisch, so daß die Körperzellen ständig mit ausreichenden Glukosemengen für ihren Energiebedarf versorgt sind und überschüssige Glukose in den Zellen gespeichert wird. Bei einem Diabetiker funktioniert dieses System nicht, weil die Bauchspeicheldrüse kein Insulin erzeugt (insulinabhängiger Diabetes mellitus oder Typ-I-Diabetes) oder weil die Insulin- oder die -rezeptorenzufuhr reduziert ist oder keine von beiden effektiv arbeitet (nichtinsulinabhängiger Diabetes oder Typ-II-Diabetes).

Trotz jahrelanger Forschung weiß man heute noch nicht, warum die Bauchspeicheldrüse plötzlich die Insulinproduktion einstellt, obwohl es scheint, daß manche Menschen eine genetische Prädisposition für Diabetes haben. Bei anfälligen Personen kann sich eine Viruskrankheit auf das Immunsystem auswirken und die insulinproduzierenden »Betazellen« in der Bauchspeicheldrüse zerstören. Bei Typ-II-Diabetes scheint es nicht nur eine genetische, sondern eine grundlegende Prädisposition zu geben: Typ-II-Diabetes tritt viermal so

Oben: Kinder und junge Erwachsene neigen eher zu insulinabhängigem Diabetes (Typ I) als zu nichtinsulinabhängigem Diabetes (Typ II).

häufig in Asien wie bei der restlichen Bevölkerung auf. Bei Typ-II-Diabetikern, oft Ältere und Übergewichtige (Typ-I-Diabetes tritt meist bei dünnen Kindern und Personen unter 30 auf), scheint eine Verbindung zur Fettleibigkeit zu bestehen. Andere mögliche Ursachen, die zum Typ-II-Diabetes in späteren Jahren beitragen, können eine operative Beeinträchtigung der Bauchspeicheldrüse oder Alkoholmißbrauch sein, Glukoseunverträglichkeit während der Schwangerschaft, die später wieder zurückgeht, aber eine Prädisposition für Diabetes während späterer Schwangerschaften oder im späteren Leben bewirkt; langfristige Behandlung mit Steroiden, die die Glukosemenge im Blut erhöhen, sowie eine Schilddrüsenüberfunktion.

DIAGNOSE UND SYMPTOME

Die Diagnose von Typ-I-Diabetes ist meist recht einfach, da die Symptome, obwohl sie variieren, doch sehr offensichtlich sind und sogar recht drastisch ausfallen können. Typ-II-Diabetes ist anders gelagert, da das Absinken der Insulinproduktion über mehrere Jahre auftreten kann und die Symptome daher nicht so ausgeprägt sind. Einige Typ-II-Diabetiker haben überhaupt keine Symptome.

DIAGNOSE

Wenn Sie den Arzt wegen eines der Symptome (rechts) aufsuchen, wird er Sie meist auf Diabetes untersuchen.

Bei einem ersten Test wird vielleicht auf übermäßige Glukose im Urin hin untersucht, obwohl der Nachweis einer hohen Menge kein gültiger Beweis für Diabetes ist, da die Glukosemengen im Urin schwanken. Es ist üblicher, einen Blutzuckertest durchzuführen. Dabei wird das Blut aus einer Vene und nicht aus einem Finger entnommen. Wenn das Blut durch die kleinen Blutgefäße oder Kapillare in den Finger gelangt, hat es einiges an Glukose verbraucht, die es ursprünglich mit sich führt, was daher zu einem verfälschten Bild führen würde. Deshalb ist es wichtig, daß für die Blutzuckermessung Blut aus den Venen entnommen wird (venöse Plasmaglukosekonzentration). Die normale Zuckerkonzentration beträgt laut Weltgesundheitsorganisation (WHO) weniger als 7,8 Millimol pro Liter.

Ein Diabetiker nach den WHO-Kriterien ist jemand, dessen »venöse Plasmaglukosekonzentration« beim Fasten auf 7,8 mmol/l bleibt, aber über 11,1 mmol/l bei einer Stichprobe ansteigt. Zwischen »normal« und »Diabetes« gibt es eine dritte Kategorie mit »beeinträchtigter Glukosetoleranz« (7,8 mmol/l beim Fasten und zwischen 7,8 und 11,1 mmol/l bei einer Stichprobe). Diese Menschen können wieder in den Normalbereich gelangen, eine schwere Diabetes bekommen oder auf dem gleichen Stand bleiben. Sie sollten Diät leben und sich möglichst gesund halten.

BEHANDLUNG

Obwohl es eine ernste Krankheit ist, ist mit der heutigen Möglichkeit des Insulinspritzens selbst Typ-I-Diabetes behandelbar. Vorausgesetzt, man ist bereit, Diät zu halten, gibt es keinen Grund, auf ein normales Leben zu verzichten.

Der Schlüssel für die Behandlung von Typ-I-Diabetes und Typ-II-Diabetes ist es, die Aufgabe des Insulins im Körper zu übernehmen und die Blutzuckerwerte normal zu halten. Ein zu starkes Ansteigen oder Absinken der Werte kann zu einer Reihe von Problemen führen und ist zu vermeiden. Das heißt nicht, daß die Einhaltung der Blutzuckerwerte oder die Diät zur Manie wird – man soll nur beides wachsam im Auge behalten.

Bei Typ-II-Diabetikern wird mit einer Diät, möglicherweise in Verbindung mit einer Medikation für niedrigere Blutzuckerwerte, häufig das gewünschte Ergebnis erzielt. In der Tat ist die Ernährungsumstellung bei vielen Personen für die Gesundheit in einem solchen Maße förderlich, daß das Auftreten ihres Diabetes gewissermaßen als Segen betrachtet werden kann.

Die Typ-I-Diabetiker profitieren von der Entwicklung ausgeklügelter Bluttestverfahren. Dabei wird ein Bluttropfen aus dem Finger oder dem Ohrläppchen entnommen, und somit sind die Blutzuckerwerte einfacher einzustellen, entweder durch Veränderung der Diät oder der Insulindosis.

Ihr Arzt wird Sie in den Gebrauch der Medikamente, Insulin- und Glukosetestutensilien einweisen, ob Sie nun ein insulinabhängiger (Typ I) oder nichtinsulinabhängiger (Typ II) Diabetiker sind. Er wird Ihnen auch eine Anleitung für Ihre Diät geben oder Sie zu einem Diätberater schicken. Die Grundsätze und Praktiken für eine gute Diabetesdiät werden später in dieser Einleitung noch beschrieben und im Rezeptteil intensiver erläutert.

SYMPTOME

Durst (Polydipsie) und starke Vermehrung der Harnmenge (Polyurie)
Wenn die Glukosewerte im Blut zu hoch sind, filtern die Nieren nicht mehr die gesamte Glukose, und einiges davon gelangt in den Urin. Die zusätzliche Glukose verdickt den Urin, zusätzliches Wasser wird zur Erleichterung des Durchflusses durch die Nieren mitgeführt und füllt so die Blase. Häufiges, schwallartiges Urinieren ist die Folge. Gleichzeitig wird der Körper dehydriert, was sich in starkem Durst äußert.

Verstopfung
Mit der zunehmenden Dehydrierung des Körpers ist eine Verstopfung nahezu unvermeidbar.

Müdigkeit und Gewichtsverlust
Da der Körper seine Energie aus der Glukose erhält, leidet jeder, dessen Körper keinen Zugang zur Glukose im Blutkreislauf hat, an Energiemangel und unter Müdigkeit. In dem Bemühen, die Energie zu ersetzen, baut der Körper andere Zellen/Körpergewebe ab, was zu gewaltigem Gewichtsverlust führen kann.

Verschlechtertes Sehvermögen
Zuviel Zucker im Blut macht es dick und zähflüssig. Bei einigen Diabetikern kann dies die Adaptation der Augen beeinträchtigen – sie sehen verschwommen.

Infektionen
Wenn das Blut wegen zu hohem Glukosegehalt dick und zähflüssig wird, kann dies auch das Immunsystem beeinträchtigen. Nicht erkannte Diabetiker können zu Infektionen neigen, u. a. Hautausschlag, Infektionen in den Harnwegen oder Blasenentzündung sowie Lungeninfekten.

Kribbeln in den Gliedmaßen
Veränderungen der Blutzuckerwerte können auch die Nervenfunktionen beeinträchtigen, was zu Kribbeln in Händen und Füßen führt.

ALTERNATIVE THERAPIEN

Wenn die Bauchspeicheldrüse einmal ihre Insulinproduktion eingestellt hat, kann sie nur selten »wieder angekurbelt« werden. Bestimmte Alternativen oder ergänzende Therapien können die Funktion der Bauchspeicheldrüse stimulieren, die Körperreaktion auf das Insulin verbessern und die Glukosewerte dämpfen. Daher lohnt es sich, sie bei nichtinsulinabhängigem Diabetes als auch unmittelbar nach dem Ausbruch von insulinabhängigem Diabetes, wenn noch Restfunktionen in der Bauchspeicheldrüse vorhanden sind, in Erwägung zu ziehen. Daneben ist es für einen Diabetiker gleichermaßen bedeutend, Geist und Körper so gesund wie möglich zu halten. Man hat festgestellt, daß uns Streß mehr schadet als alles andere und daß eine Reihe von alternativen Therapien sehr hilfreich ist. Yoga, Meditation, Reflexzonenmassage, Aromatherapie und Massage sind die bekanntesten Entspannungsmethoden, aber viele halten Gesundbeter, Farbtherapeuten oder Tai Chi für ebenso nützlich.

CHINESISCHE MEDIZIN

Die Chinesen kennen Diabetes als Krankheit schon seit Tausenden von Jahren. In der chinesischen Heilkunst werden Körper, die Körperfunktionen und -störungen aus einem völlig anderen Blickwinkel als bei der westlichen Medizin betrachtet. Für einen chinesischen Arzt ist Diabetes ein Zeichen für eine Disharmonie im Körper, deren Symptome im oberen Körperteil (starker Durst, trockener Mund, übermäßiges Trinken), im mittleren Körperteil (großer Appetit und übermäßiges Essen verbunden mit Gewichtsverlust und Verstopfung) und im unteren Körperteil (schwallartiges Urinieren, fortschreitender Gewichtsverlust etc.) auftreten. Die chinesische medizinische Behandlung wird sich daher auf die Wiederherstellung der Harmonie im Individuum mit dem Ziel konzentrieren, die Symptome zu kurieren.

Auch wenn dieser Ansatz nicht direkt die Insulinproduktion oder -steuerung beeinflußt, bedeutet die Verbesserung der natürlichen Harmonie des Körpers eine Verbesserung der allgemeinen Gesundheit des Diabetikers.

Insulinabhängige Diabetiker brauchen jedoch nicht ihre Insulinanpassung zu ändern, wenn sie einen chinesischen Arzt aufsuchen, sondern nur auf Anweisung ihres Diabetesspezialisten.

RELAXATION UND MASSAGE

Es ist bekannt, daß Streß eine bedeutende Rolle bei der Entwicklung von Diabetes spielt. Daher ist jede Therapie zur Streßminderung und Entspannung für den Umgang mit Diabetes und das allgemeine Wohlbefinden förderlich. Yoga und Meditation haben eine positive Wirkung auf den Blutzuckerspiegel, wobei mäßiges Training das Insulin effektiver im Körper arbeiten läßt.

Die Reflexologie trägt dazu bei, den Körper zu entspannen, und obwohl die Ursache des Diabetes damit nicht behoben werden kann, mildert sie doch einige Nebenwirkungen.

Links: Yoga und Meditation sollen den Blutzuckerspiegel senken, indem sie entspannend wirken und Streß abbauen.

SELBSTMASSAGE

Aromatherapie wirkt nicht nur entspannend, sondern fördert auch die Durchblutung und trägt somit zur Heilung von Bein- und Fußgeschwüren bei, zu denen einige Diabetiker neigen.

Das therapeutische Potential der Aromatherapieöle ist bis vor kurzem, obwohl es früher schon anerkannt war, ignoriert worden. Man hat jetzt jedoch erkannt, daß konzentrierte Öle gegen zahlreiche spezielle Beschwerden sehr hilfreich sein können. Die ätherischen Öle werden schnell von der Haut absorbiert und in den Blutkreislauf gebracht, so daß sie gegen Durchblutungsprobleme wirken. Einige Öle wie Ysop eignen sich für den Kreislauf im allgemeinen; andere wie Pampelmuse, Zitrone, Limette, Fenchel und weiße Birke stellen lymphatische Stimulanzien dar; während Lavendel, Rosmarin, Eukalyptus, Pfefferminze und Thymian einen trägen Kreislauf stimulieren. Massage ist eine gute Methode, Ölessenzen aufzutragen, da sie gewährleistet, daß die Öle gut absorbiert werden.

BEIN- UND FUSSMASSAGE

Selbstmassage ist einfach und trägt zur Geschmeidigkeit der Muskeln und zu verbessertem Blutkreislauf in den Beinen bei.

1

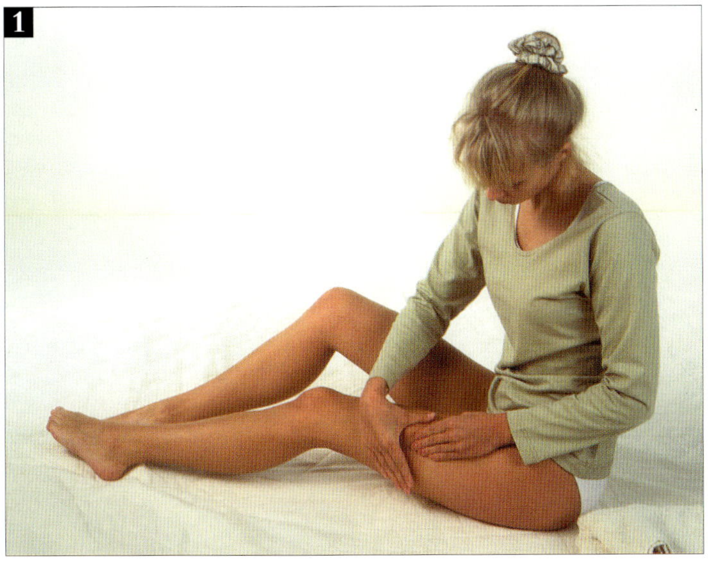

2

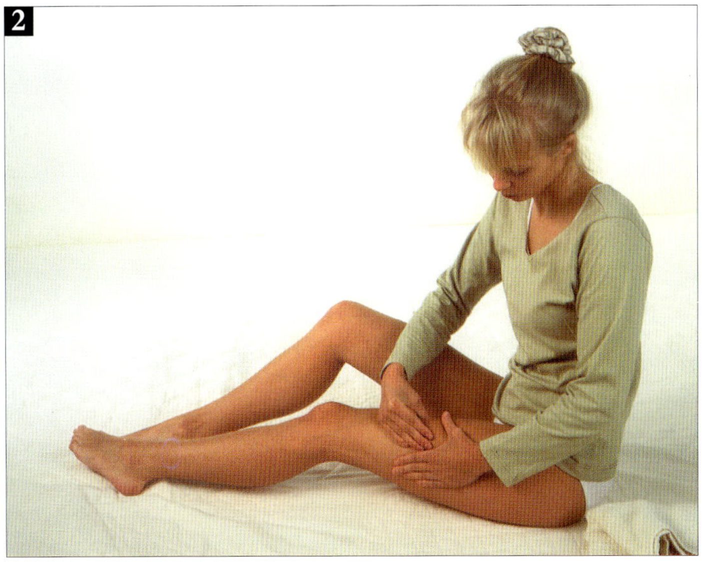

3

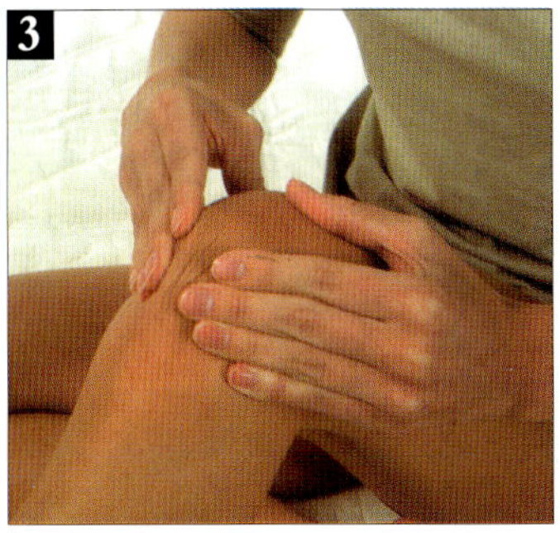

4

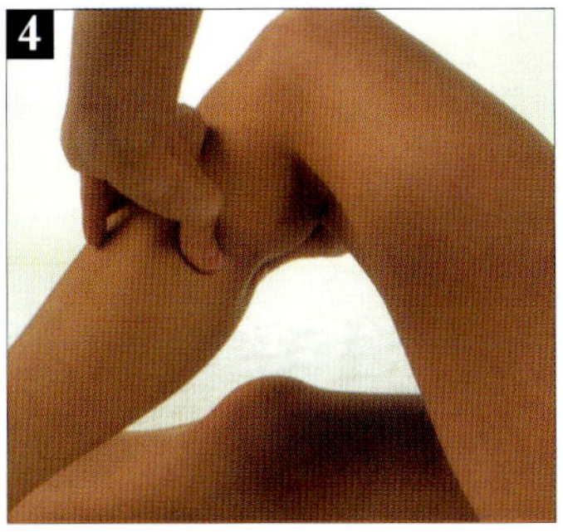

1 Beginnen Sie eine Beinmassage an den Oberschenkeln, indem Sie diese so bearbeiten, daß evtl. Flüssigkeit in den Waden sich verlagern muß, wenn sich der Oberschenkel entspannt. Mit beiden Händen einen Oberschenkel kneten; zwischen Fingern und Daumen pressen.

2 Die beste Wirkung erzielt man, wenn man mit jeder Hand abwechselnd drückt, wobei man am Knie beginnt und zur Hüfte hin weiterarbeitet. Am anderen Oberschenkel wiederholen.

3 Um die Knie herum knetet man in kleinen Kreisen gleichermaßen, jedoch nur mit den Fingern.

5

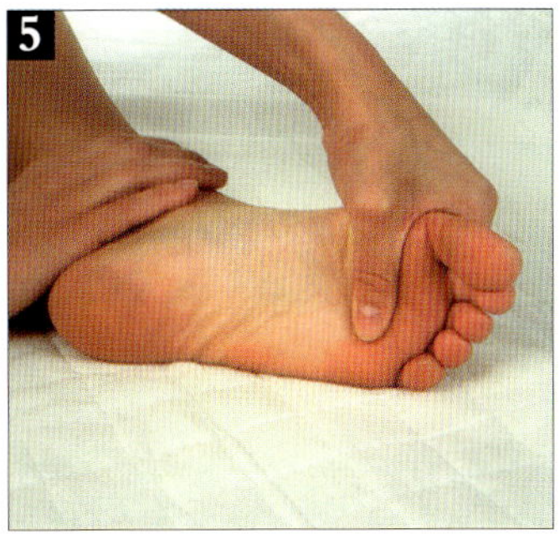

6

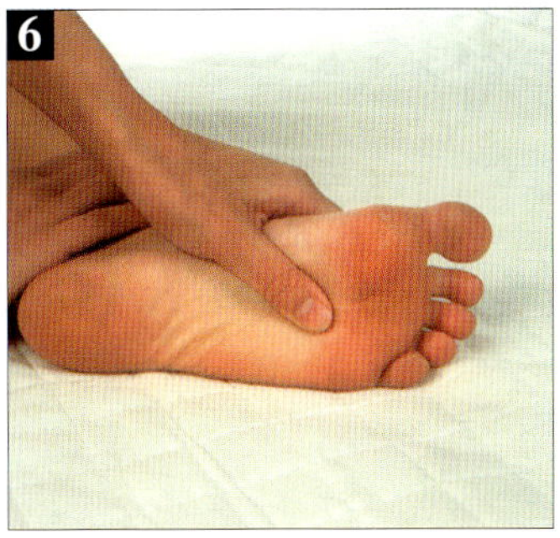

4 Beugen Sie Ihr Bein, und heben Sie den Fuß auf einen Stuhl oder eine Fußbank. Kneten Sie die Rückseite der Wade kreisförmig mit den Daumen. Öfter an jedem Bein wiederholen, vom Knöchel zum Knie arbeiten.

5 Drücken Sie den Fuß mit den Händen, lockern Sie die Muskeln, und strecken Sie sanft den Spann.

6 Zum Abschluß drückt man kräftig mit dem Daumen die Fußunterseite, um den Fuß zu strecken. Am anderen Fuß wiederholen.

NAHRUNGSMITTEL UND KRÄUTERARZNEI

Bestimmte Nahrungsmittel und Kräuter können dazu beitragen, daß die Bauchspeicheldrüse effektiver arbeitet. Sie können auch die Insulinaufnahme verbessern und zu einer günstigeren Regulierung des Blutzuckerspiegels durch den Körper sowie zu besserem Kreislauf führen. Dies ist teilweise auf die Nährstoffe in diesen Nahrungsmitteln und Kräutern (siehe Nährwertmedizin unten) zurückzuführen, aber es steht mittlerweile fest, daß bestimmte Nahrungsmittel und Kräuter über gesundheitsfördernde Eigenschaften verfügen, die nicht nur ihrem Vitamin- oder Mineralgehalt zuzuschreiben sind.

NAHRUNGSMITTEL MIT GESUNDHEITSFÖRDERNDEN EIGENSCHAFTEN

- Biohafer, ganzer Hafer, Zwiebeln, Artischocken und Hülsenfrüchte können den Blutzucker senken.
- Weizenkeime, unreife Bananen, Truthahn, Fisch, Walnüsse, rote Paprika und Kohl wie Broccoli, Blumenkohl (alle Vitamin-B_6-Quellen) tragen zur Regulierung des Blutzuckerspiegels bei.
- Schalentiere, mageres Fleisch, Vollkorn-Cerealien, Hülsenfrüchte, Kürbiskerne und Nüsse sind stark chrom- und zinkhaltig (Diabetiker haben meist an beidem einen Mangel).
- Heidelbeeren helfen bei der Regulierung der diabetischen Retinopathie.
- Weizenkeime, Sonnenblumenkerne, Rapssamenöl, Mandeln und Süßkartoffeln (alle haben hohe Vitamin-E-Anteile) tragen zur Verbesserung des diabetischen Kreislaufs und der Neuropathie bei.
- Frischer Nesselsaft wird schon seit den alten Römern zur Stimulierung des Kreislaufs verwendet, während Löwenzahn ebensolange als Stimulans der Leber gilt (in der die Glukose gespeichert wird).

Oben: Löwenzahn wird seit Jahren als Stimulans für die Leber verwendet.

Nährwertmedizin

Auswirkungen des Nährstoffmangels
In der Forschung wird mehr und mehr davon ausgegangen, daß die heutigen degenerativen Erkrankungen, wie z. B. Diabetes, durch einen ernsthaften Mangel an Mikronährstoffen wie Vitaminen, Mineralien und Aminosäuren verursacht werden könnten. Gründe sind u.a. Fertignahrung, Umweltverschmutzung und der ständig wachsende Streß in unserer modernen Zeit. Die Wissenschaft stellt ständig neue Verbindungen zwischen bestimmten degenerativen Bedingungen und besonderem Nährstoffmangel fest.

Oben: Ergänzungsnährstoffe können sicherstellen, daß der Körper die richtigen Mengen an bestimmten Vitaminen, Mineralien und essentiellen Fettsäuren bekommt.

Chrom ist ein wesentliches Spurenelement. Obwohl es im Körper nur in winzigen Mengen vorhanden ist, scheint es für die Blutzuckerregulierung und die effektive Insulinwirkung notwendig zu sein. Leider wird Chrom bei der Behandlung aus Kohlenhydraten entfernt. Darüber hinaus eignet sich Chrom nicht gut zur ergänzenden Einnahme, es wird aber von Brauhefe, schwarzem Pfeffer, Kalbsleber, Weizenkeimen, Vollkornbrot und Käse absorbiert.
Vitamin B_6 und B_{12} tragen zur Blutzuckerregulierung bei. Die Vitamin-B_{12}-Mengen können durch Diabetesmedikamente verringert werden, daher ist es nützlich, Lieferanten dieses Vitamins (mageres Fleisch, Milchprodukte) in die Diät einzubeziehen.
Vitamin C ist zur Stärkung der Blutkapillare bekannt, besonders der Augen, und reduziert erhöhten Cholesterinspiegel – mit beidem haben Diabetiker zu kämpfen.
Zink, Magnesium und Kalium sind für Diabetiker sehr wichtig, sie werden aber durch übermäßiges Urinieren stark reduziert. Zink ist zur Bekämpfung von Infekten wie Ekzemen, Akne und Hautausschlag wichtig, unter denen Diabetiker oft leiden. Magnesium reguliert die Nierenfunktion.
Essentielle Fettsäuren: Es gilt als erwiesen, daß die Aufnahme von essentiellen Fettsäuren bei Diabetikern durch erhöhten Blutzucker oder Insulinmangel behindert wird. Nachtkerzenöl kann hier zur Vermeidung diabetischer Komplikationen beitragen.

Regulierung des Blutzuckerspiegels

Im Idealzustand bleibt der Blutzuckerspiegel eines Diabetikers normal. Sorgfältige Überwachung, eine gute Diät und gegebenenfalls Medikamente sind hier die Grundstrategien. Daneben nehmen jedoch viele andere Aspekte im Leben eines Diabetikers Einfluß auf den Blutzuckerspiegel.

Blutzuckerspiegel

Wechselnde körperliche Anstrengung kann sowohl die Effektivität der Insulinaufnahme als auch die Geschwindigkeit des Zuckerverbrauchs im Blut beeinflussen. Streß bewirkt eine Adrenalinfreisetzung, die den Blutzuckerspiegel erhöht. Infekte, Verletzungen oder Operationen sind Streß für den Körper. Er reagiert darauf, indem er Adrenalin oder andere Hormone in den Blutkreislauf ausstößt. Diese lassen den Zuckerspiegel nach oben schnellen. Schwangerschaften verursachen ebenso Veränderungen im Blutzuckerspiegel wie die Menstruation und die Menopause. Medikamente, vor allem Steroide und einige Verdauungsmittel sowie Antidepressiva, beeinflussen ebenfalls den Blutzuckerspiegel. Falls einer dieser Faktoren zutrifft, ist es besonders wichtig, den Blutzuckerspiegel zu überwachen und evtl. die Diät, die Insulindosis oder die Medikamentenmenge für die Senkung des Blutzuckers in Abstimmung mit dem Arzt anzupassen.

Starke Schwankungen im Glukosespiegel verursachen Hypoglykämie (Unterzuckerung) und Hyperglykämie (Überzuckerung) und zeigen spezifische Symptome, die sofort behandelt werden müssen. Falls starke Anstiege (und noch wichtiger: extreme Senkungen) im Blutzucker sofort behandelt werden, sind langfristige Auswirkungen unwahrscheinlich. Ein ständig leicht erhöhter Blutzuckerspiegel von ca. 8–19 mmol/Liter dagegen bringt eine Reihe von ernstzunehmenden Konsequenzen für die Gesundheit mit sich.

Herzkranzgefäss-erkrankung

Erhöhte Triglyceridwerte (Fett im Blut) sind ein übliches Merkmal für schlecht regulierten Diabetes und tragen in hohem Maße zum Risiko einer Herzkranzgefäßverengung bei (wenn die Arterien, die das Blut zum Herz führen, verkalken, und somit eine Unterversorgung des Herzmuskels mit Blut stattfindet, das für die korrekte Funktion nicht ausreicht), so daß die Diabetiker besonders sorgfältig auf eine fettarme Ernährung achten müssen.

Schlaganfall

Bluthochdruck ist ein weiterer Faktor, auf den Diabetiker achten müssen.

Unten: Eine Schwangerschaft beeinflußt den Blutzuckerspiegel.

Normales Körpergewicht, Nichtrauchen sowie eine fett- und salzarme Ernährung verringern in der Regel das Risiko eines Schlaganfalls.

Neuropathie

Die diabetische Neuropathie ist bei langfristigem und schlecht reguliertem Diabetes sehr verbreitet. Obwohl es zahlreiche Variationen gibt, tritt die Neuropathie auf, wenn die Nervenenden geschädigt sind (infolge von übermäßigem Glukosestrom durch Kapillare oder enge Venen). Normalerweise sind

Links: Körperliche Anstrengung wie Joggen erhöht die Geschwindigkeit, mit der Zucker im Blut verbraucht wird. Um eine gefährliche Senkung des Blutzuckerspiegels zu vermeiden, empfiehlt sich vor oder unmittelbar nach jeder körperlichen Anstrengung ein kleiner kohlenhydratreicher Imbiß.

die Hände und Füße von der Neuropathie in Mitleidenschaft gezogen (Kribbeln in Händen und Füßen ist eines der Symptome für Diabetes) und kann zu völliger Gefühllosigkeit führen.

Die Neuropathie bringt zwei Probleme mit sich. Eines ist die schlechte Blutversorgung der entlegeneren Körperteile, was zu infizierten Wunden, schlechter Heilung und schlimmstenfalls zu Gangrän führen kann. Besonders Hände und Füße neigen zur Schädigung und müssen sorgfältig gepflegt und überwacht werden. Das andere Problem ist die zunehmende Gefühllosigkeit in den Füßen. Dies betrifft nicht nur das Gleichgewicht, sondern auch Verletzungsgefahr, beispielsweise durch Verbrühung.

Diabetiker können auch an einer Schädigung ihrer »autonomen Nerven« leiden, die die Befehle an die Organe wie Herz, Nieren, Blase und Darm weitergeben. Diese Nerven können zu ineffizienter Darm- und Blasenregulierung, unzureichender Magenentleerung und ähnlichen Problemen führen. In der Regel normalisieren sich diese Funktionen, sobald der Blutzuckerspiegel wieder normal wird.

Nieren- und Augenschäden

Die Nieren und Augen bestehen aus Kapillaren oder winzigen Blutgefäßen, die besonders schnell durch Diabetes geschädigt werden. Überschüssiger Blutzucker kann beide Bereiche »verstopfen«, wobei eine Nierenschädigung geheilt oder zumindest durch Ernährung und gute Blutzuckerregulierung gemildert werden kann. Die Augenschädigung kann irreversibel sein, wobei auch hier eine gute Blutzuckerregulierung den Schaden mindert. Für Diabetiker ist eine regelmäßige Augenuntersuchung, die die Netzhaut einschließen sollte, enorm wichtig.

Hautprobleme

Da erhöhter Blutzuckerspiegel anfälliger für Infekte, besonders der Haut, macht, verursacht schlecht regulierter Diabetes häufig Furunkel, Pickel und Ausschlag. Eine gesunde Ernährung und verbesserte Blutzuckerregulierung wirkt positiv auf die meisten dieser Erscheinungen.

Diese beunruhigenden Symptome mögen sich wie eine lebenslange Strafe anhören, aber der Diabetiker sollte sich vor Augen halten, daß die meisten nur bei nachlässigem Umgang mit Diabetes auftreten. Heute entspricht eine Diabetikerdiät nahezu der gesunden Ernährung, die uns allen empfohlen wird. Wegen der enormen Verbesserung der Überwachungs- und Injektionstechniken können sogar insulinabhängige Diabetiker ihre Blutzuckerwerte prüfen und sich Insulin schnell und diskret verabreichen, was nicht bedeuten soll, daß man ein Geheimnis daraus machen sollte. Zunächst gibt es keinen Grund dafür, da man als Diabetiker ein ganz normales Leben führen kann. Zweitens sollten die Bekannten wissen, daß man Diabetiker ist, falls ein Hyper- oder Hypoglykämieanfall auftritt. Das Tragen eines Diabetikerarmbands oder eines -buttons ist nützlich.

Man muß den Diabetes wirklich ernst nehmen und für den Umgang mit dieser Erkrankung gerüstet sein. Die Glukosewertprüfung muß streng eingehalten werden, außerdem sollen immer Insulin oder Medikamente sowie extra Glukose- oder Kohlenhydratnahrung zur Hand sein, falls man sie benötigt. Letztlich sollte einem bewußt werden, daß der Körper eines Diabetikers viel empfindlicher auf allgemeine Veränderungen reagiert. Ihr Körper ist der beste Wächter seiner selbst, also sollte man auch auf ihn hören!

HYPER- UND HYPOGLYKÄMIE

Man spricht von Hyperglykämie oder Überzuckerung und von Hypoglykämie oder Unterzuckerung, wenn der Blutzuckerspiegel zu stark ansteigt bzw. absinkt.

HYPERGLYKÄMIE

Die Symptome der Hyperglykämie sind meist weniger drastisch als die der Hypoglykämie. Da aber Gewebeschäden auftreten können, wenn der Blutzuckerspiegel zu hoch bleibt (in der Regel über 11–12 mmol/Liter), ist es wichtig, schnell Gegenmaßnahmen zu ergreifen.

Erhöhte Blutzuckerwerte können das Ergebnis unkontrollierter langzeitiger Diabetes sein, es können aber auch unmittelbare Ursachen vorliegen. Vergißt man die Einnahme von Insulin oder Blutzuckertabletten, läßt dies den Blutzuckerspiegel ansteigen, wie es auch größere Mahlzeiten oder fetteres bzw. zuckerreicheres Essen bewirken können.

Abnehmende körperliche Betätigung beeinflußt die Glukosewerte. Ein Infekt, eine Krankheit, Operation oder ein Unfall kann den Blutzuckerspiegel ebenso erhöhen wie eine Schwangerschaft und die Menstruation. Durch eine sorgfältige Kontrolle fallen erhöhte Werte schnell auf – alles über 11 mmol/Liter ist unerwünscht – und geänderte Insulin-, Tabletteneinnahme oder Ernährung sollten den Normalzustand wiederherstellen.

HYPOGLYKÄMIE

Die Unterzuckerung kann auch bei Nichtdiabetikern auftreten, deren Blutzuckerspiegel zu stark sinkt; die offizielle Definition beträgt unter 2,5 mmol/Liter. Diese Reaktion tritt jedoch am häufigsten bei Diabetikern auf, die mehr Insulin genommen haben als nötig oder zu wenig gegessen oder sich körperlich zu stark verausgabt haben. Obwohl die Symptome der Unterzuckerung ausgeprägt sein können, sind ihre Auswirkungen selten ernst, und sie ist einfach zu behandeln. Man braucht nur schnell etwas Zucker in Form von

Oben: Glukosetabletten sind eine einfache, schnelle Abhilfe bei leichter Unterzuckerung.

Glukosetabletten (Dextrose, Dextro), Zuckerwürfel, Honig, Süßigkeiten, Fruchtsaft oder Plätzchen zu sich zu nehmen. Auch wenn die Symptome drastisch sind, ist ein Diabetiker minutenschnell wieder auf dem Normalstand.

Dann muß jedoch der spontane Glukoseschub mit soliderer Nahrung unterstützt werden. Das Problem bei Unterzuckerung besteht darin, daß die Gehirnfunktionen von ausreichender Glukoseversorgung abhängen. Das erste Anzeichen, daß ein Diabetiker unter Unterzuckerung leidet, kann verminderte logische Denkfähigkeit sein. Es ist wichtig, daß Freunde und Kollegen wissen, wer Diabetiker ist (Ausweis, Armband oder Button tragen!), damit in einem solchen Fall jemand anders dem Diabetiker eine Glukosetablette verabreichen kann.

Unterzuckerungssymptome variieren stark, gehen aber häufig mit Konzentrationsmangel, Schwierigkeiten, einfache Entscheidungen zu treffen, oder einem Gefühl der Verwirrung einher. Ein verbreitetes Gefühl ist der Zwang, etwas zu Ende bringen zu müssen, auch wenn man sich nicht gut fühlt. Dies ist besonders gefährlich, wenn man Auto fährt, daher müssen Diabetiker alle Kräfte mobilisieren, diesen Zwang zu erkennen und zu bekämpfen.

Die Unterzuckerung kann auch Verhaltensveränderungen und heftige Stimmungswechsel hervorrufen. Auch die Koordination kann beeinträchtigt sein. Sie torkeln evtl. und haben Schwierigkeiten, die einfachsten Aufgaben zu bewältigen – wie das Auswickeln einer Glukosetablette!

Bei Nichtbehandlung einer Unterzuckerung kann der Diabetiker bewußtlos werden, aber selbst dann bringt eine Glukagoninjektion (Antidot zum Insulin) den Diabetiker wieder so weit, daß er eine angemessene Glukosedosis zu sich nehmen kann.

Da die Symptome vielfältig sind, ist es wichtig, daß Diabetiker sich ihrer Zustände bewußt sind und ihren Blutzuckerspiegel regelmäßig prüfen, Änderungen ihrer täglichen Routine Rechnung tragen und stets Glukosetabletten dabeihaben. Diabetiker sollten wissen, daß sich mit der Zeit die Symptome der Unterzuckerung abschwächen, so daß ihr Blutzucker fallen kann, ohne daß sich Symptome zeigen.

ZUR WARNUNG

- Das Ignorieren steigender Blutzuckerwerte ist gefährlich. Der Körper reagiert darauf nicht so schnell wie auf niedrige Werte, aber ignorierte steigende Blutzuckerwerte können zum Koma führen.
- Geben Sie nie Ihren Insulin- oder Medikamentenplan auf – auch nicht wenn Sie sich übergeben müssen. Je größer der körperliche Streß, desto größer der Insulinbedarf. Das Übergeben ist für einen Diabetiker eine ernste Sache, deshalb halten Sie Ihren Medikamentenplan ein, und konsultieren Sie einen Arzt.
- Da der Körper sich immer wieder anpassen kann, fühlen sich einige Menschen schlecht, wenn ihr Blutzuckerspiegel nur geringfügig gestiegen ist, während andere sich mit höheren Werten gut fühlen. »Anonyme Diabetiker« sind es gewohnt, einen hohen Blutzuckerspiegel zu haben und merken es gar nicht.
- Daher ist eine regelmäßige Prüfung des Blutzuckerspiegels unerläßlich.

Gesund essen

Die Ernährung ist das Rückgrat der insulinabhängigen und nichtinsulinabhängigen Diabetesbehandlung und der erste Schritt bei der Stabilisierung der Blutzuckereinstellung. Die Diabetesdiät empfiehlt: mindestens fünf Portionen Obst und Gemüse täglich, weniger als 30 Prozent der Kalorien aus Fett (größtenteils aus einfach und mehrfach ungesättigten Fetten), salzarme Kost (Natrium) und wenig Süßspeisen, aber viele Ballaststoffe aufzunehmen.

Früher

Als die Vorgänge der Kohlenhydratabsorption noch nicht so gut erforscht waren, glaubte man, daß Diabetiker alle Kohlenhydrate meiden sollten, da Zucker aus Kohlenhydraten stammt. Das bedeutete, daß sie sich protein- und fettreich ernähren und unter den damit verbunden Nebenwirkungen wie Bluthochdruck leiden mußten. Darüber hinaus führte eine fettreiche Ernährung zu Gewichtszunahme.

Unten: Die Körperzellen brauchen Eiweiß – Vollkornreis, Bohnen, Linsen, Tofu und Walnüsse sind gute Quellen dafür.

Heute

Die Forschung der letzten 25 Jahre hat diese Denkweise auf den Kopf gestellt, und, obwohl die heutigen Diabetiker immer noch ihre Ernährung und ihre Kohlenhydrataufnahme sorgfältig überwachen müssen, werden sie nun ermutigt, die richtigen Kohlenhydrate reichlich zu sich zu nehmen. Sogar etwas Zucker ist nicht mehr tabu.

Unsere Nahrung besteht aus Eiweiß, Fett, Kohlenhydraten, Ballaststoffen, Mikronährstoffen (Vitaminen und Mineralien) und Wasser. Ballaststoffe, Vitamine, Mineralien und Wasser spielen eine Hauptrolle für den gesunden Organismus, sie liefern aber keine Energie (gemessen in Kilokalorien oder Kilojoules). Diese erhalten wir aus Eiweiß, Fett und Kohlenhydraten.

Eiweiss

Eiweiß (in Hülsenfrüchten, Erbsen, Bohnen, Sojaprodukten wie Tofu, Nüssen, Getreideprodukten, Fleisch, Fisch, Milch und Milchprodukten wie Käse und Sahne) ist für das Wachstum bei Kindern und die Zellreparatur bei Erwachsenen wichtig. Wir benötigen 20 % unserer täglichen Energieaufnahme in Form von Eiweiß.

Fette

Fette (vorwiegend in Fleisch und Milchprodukten, aber auch in Gemüse und Fischöl sowie Nüssen) sind ebenfalls für den Körpers lebenswichtig. Dabei ist jedoch die richtige Fettart und -menge entscheidend. In der westlichen Ernährung ist in der Regel der Anteil an »falschem« Fett – gesättigte Fettsäure – viel zu hoch, was zu Übergewicht, Herzproblemen und Schlaganfällen führt. Die empfohlene Menge an täglichen Kalorien aus Fett sollte 30 bis 35 % betragen. Leider sind in der westlichen Welt aber gut über 40 % der Kalorien aus Fett.

Fette unterteilt man in gesättigtes (vor allem aus dem Fett von Fleisch, aber auch aus Milchprodukten wie Sahne, Vollmilch, Butter und Käse sowie Nüssen), mehrfach ungesättigtes Fett und einfach ungesättigtes Fett (aus pflanzlichem Öl wie Olivenöl, Sonnenblumenöl und Fischöl).

Das Thema Fett ist recht komplex, der Diabetiker sollte aber auf jeden Fall auf gesättigtes Fett verzichten. Denn dieses Fett führt zur Ablagerung von Cholesterin in den Arterien. Gesättigtes Fett hat auch mehr Kalorien, es führt daher zu Übergewicht. Diabetiker haben außerdem hohe Fettkonzentrationen im Blut (was sie anfälliger für Arterienverkalkung macht), deshalb sollte gesättigtes Fett unbedingt vermieden werden.

Oben: Sonnenblumenöl (links) enthält mehrfach ungesättigtes Fett, Olivenöl vor allem einfach ungesättigtes Fett.

Oben: Viele Nahrungsmittel (im Uhrzeigersinn von oben) wie Milch, Pistazien, Butter, Mandeln, Sahne und Käse enthalten Fett. Milchprodukte wie Käse, Butter und Milch sind Quellen für gesättigtes Fett, die von Diabetikern gemieden werden sollten. Nüsse beispielsweise sind eine gute Quelle für mehrfach ungesättigtes Fett, was wie auch einfach ungesättigtes Fett bei weitem zuträglicher ist.

KOHLENHYDRATE

Die Kohlenhydrate erscheinen ebenfalls in unterschiedlicher Gestalt – einfache und komplexe Kohlenhydrate. **Einfache Kohlenhydrate** bestehen aus verschiedenen Formen von dem, was verbreitet als Zucker oder Saccharose bekannt ist. Saccharose besteht aus Glukose und Fruktose (Fruchtzucker). Beide sind für die Energieversorgung wesentlich, aber Glukose ist besonders wichtig für die Gehirnfunktionen. **Komplexe Kohlenhydrate** sind in stärkehaltigen Nahrungsmitteln wie Hülsenfrüchten (Bohnen), Haferflocken, Reis, Kartoffeln und Brot enthalten. Komplexe Kohlenhydrate bestehen aus einfachen Kohlenhydraten, Glukose (siehe oben) und Ballaststoffen. Ballaststoffe können löslich oder nicht löslich sein. Lösliche sind in Hülsenfrüchten, Bohnen und Gemüse enthalten. Nicht lösliche Ballaststoffe – in Kleie, Sellerie und Kohl – haben keinen Nährwert, werden aber vom Körper genutzt, um die Nahrung zu verwerten und Abfallstoffe auszuscheiden.

Sobald sie in den Verdauungstrakt gelangen, werden die komplexen Kohlenhydrate von den Verdauungssäften in ihre Bestandteile zerlegt – Saccharose und Ballaststoffe. Der Vorteil von Kohlenhydraten, die aus Saccharose und löslichem Faserstoff (Hülsenfrüchte, Erbsen und Bohnen) bestehen, liegt für Diabetiker darin, daß die klebrige Lösung, zu der der lösliche Ballaststoff wird, vermeidet, daß die Glukose zu schnell ins Blut übertritt und der Blutzucker so gleichmäßiger einzustellen ist. Einfache Kohlenhydrate (Zucker oder Saccharose) haben den Nachteil, unmittelbar vom Darm ins Blut überzutreten, und verursachen so plötzliche Blutzuckerspitzen.

Studien haben ergeben, daß etwas Zucker aus dem Verzehr dieser Kohlenhydrate mit reichlich stärke- und ballaststoffhaltigen Kohlenhydraten von einigen Diabetikern erfolgreich absorbiert werden kann, ohne Blutzuckerhöchstwerte zu bewirken. Dennoch wird der Arzt raten, Zucker wo immer möglich zu vermeiden. »Zucker« bedeutet hier der in Süßigkeiten und Bonbons, Konfitüren und Gelees, Kuchen und Keksen, die mit Zucker oder Fruktose gesüßt sind, und gesüßten Limonadegetränken.

»DIABETIKER-KOST«

Auf ärztlichen Rat hin sind auch hochwertige Markenlebensmittel für Diabetiker zu meiden. Obwohl ihr Saccharosegehalt niedriger als bei der Kost ist, die sie ersetzen sollen, wird oft Fruktose oder Sorbit als Süßstoff verwendet (es ist medizinisch nicht nachgewiesen, daß Fruktose für Diabetiker besser als Glukose ist, und Sorbit kann, in großen Mengen verzehrt, Darmprobleme verursachen). Letztlich wird bei dieser Spezialkost der Vorteil des niedrigen Zuckergehalts durch einen hohen Fettgehalt wieder aufgehoben.

Unten: Komplexe Kohlenhydrate sind in (im Uhrzeigersinn von oben rechts) Vollkornbrot, Kartoffeln, Haferflocken, Gartenbohnen, Reis und Linsen enthalten und gehen langsamer ins Blut über.

DIE TÄGLICHE DIABETIKERDIÄT

Der Diabetiker muß unbedingt beachten, seinen Körper niemals zu »überladen«. In der Praxis bedeutet das: drei mäßig große Mahlzeiten in regelmäßigen Abständen – normalerweise Frühstück, Mittagessen und Abendessen –, mit zwei oder drei regelmäßigen Imbissen zwischendurch wie etwa ein 2. Frühstück um elf Uhr, einen Nachmittagskaffee und einen Happen vor dem Schlafengehen. Für Typ-I-Diabetiker müssen die Mahlzeiten 15 bis 30 Minuten nach der Insulininjektion liegen, damit das Insulin Zeit hat, vom Blut absorbiert zu werden.

Wenn bei Ihnen Diabetes erst kürzlich diagnostiziert wurde und Sie bislang ein unregelmäßiges Leben geführt haben, wird es Ihnen schwerfallen, sich an die festen Zeiten für die Mahlzeiten zu halten, aber Sie werden sehen, daß es sich lohnt. Wir würden uns alle viel besser fühlen, wenn wir regelmäßiger essen würden.

AUSGEWOGENE ERNÄHRUNG

Diabetiker sollten dafür sorgen, daß jede Mahlzeit und jeder Imbiß ausgewogen sind und Eiweiß, Fette und Kohlenhydrate beinhalten. Dies ist nicht so schwierig, da viele Zwischenmahlzeiten alle drei Komponenten in variierenden Mengen enthalten. Ein Schinkensandwich enthält beispielsweise Eiweiß (Schinken), Fett (Butter, Aufstrich) sowie Kohlenhydrate (Brot).

Wichtig ist, daß der Diabetiker dabei kein Element ausläßt, vor allem nicht die Kohlenhydrate. Früher erhielten die Diabetiker in der Regel Kohlenhydrat-Austauschtabellen. Dabei werden den Lebensmitteln sogenannte Broteinheiten zugewiesen. Es mußte errechnet werden, wie viele Kohlenhydrate in jedem Gericht enthalten waren; die »erlaubten« Kohlenhydrate waren zuzuordnen und ein »Austausch-System« aufzustellen. Heute sieht man das etwas gelassener, obwohl die Diabetesärzte immer noch eine Tagesration an Kohlenhydraten zuordnen (die über den Tag verteilt auf Lebensweise, Eßgewohnheiten, Medikation etc. beruht).

ZUVIEL KALORIEN VERMEIDEN

Während insulinspritzende Diabetiker häufig sehr schlank sind, neigen Langzeitdiabetiker, die sich kein Insulin verabreichen, oft zu Fettleibigkeit – zum Teil verständlich, weil die traditionelle Diabetikerdiät fett- und eiweißreich war.

Es ist aber für Diabetiker notwendig, ihr Gewicht gering zu halten, um Kreislauf- und andere Beschwerden auf ein Minimum zu beschränken.

Wie jeder weiß, der schon eine Diät versucht hat, ist der einzige Weg, langfristig abzunehmen bzw. das Gewicht zu stabilisieren, weniger zu essen und auch die Ernährung umzustellen.

Wenn Sie den Zuckergehalt in Ihrer Kost verringern, ist das schon ein guter Anfang; noch hilfreicher ist, die Fettmenge, insbesondere die gesättigten Fette, zu reduzieren, wobei das nicht notwendigerweise einen totalen Verzicht bedeutet!

Rechts: Limonadengetränke, süße Getränke, Vollzuckermarmelade, süße Kekse, Pralinen, Schokolade und Kuchen sind nicht völlig tabu, aber diese »Kalorienbomben« sollten auf ein Minimum beschränkt bleiben.

WENIGER ZUCKER

Die meisten Diabetesärzte wären froh, wenn ihre Patienten ihren Tee und Kaffee nicht mehr süßen würden. Starke Süßstoffe wie Aspartam (Canderel) oder Saccharin (Sukrinetten) sind zwar eine Alternative für Zucker, aber ihr Konsum sollte auf ein Minimum beschränkt bleiben.

Zucker in Limonaden, Cola etc. ist tabu. Diese Getränke bewirken nicht nur einen momentanen Blutzuckeranstieg, sondern sind auch äußerst kalorienreich (eine Cola enthält das Äquivalent von sieben Teelöffeln Zucker!). Mineralwasser oder mit Wasser verdünnter, frischer Fruchtsaft sind vorzuziehen – oder der Diabetiker greift zu kalorienarmen, künstlich gesüßten Limonadengetränken.

In Backwaren kann Zucker meist durch getrocknete oder frische Früchte ersetzt werden, wie im Rezeptteil noch gezeigt werden wird. Obwohl Früchte Fruktose enthalten, sitzt diese im fasrigen Fruchtfleisch und gelangt somit langsamer in den Blutkreislauf. Früchte verleihen den verschiedenen Kuchen und Nachspeisen übrigens einen besseren Geschmack als Kristallzucker, der zwar süß ist, aber kein natürliches Eigenaroma besitzt.

Diabetiker sollten die Inhaltsstoffangaben in Lebensmitteln auf zusätzlichen Zucker hin prüfen. Manchmal ist es einfach, versteckten Zucker zu meiden – kaufen Sie Dosenfrüchte in Fruchtsaft statt in Sirup –, aber so deutlich ist es nicht immer. Bedenken Sie, daß auf Etiketten Begriffe wie Saccharose, Fruktose, Glukose, Maltose, Honig, Laktose, Malz- und Invertsirup eigentlich Zucker bedeuten.

Süßigkeiten und Schokoriegel sind zu meiden, außer als Snack vor oder nach dem Sport. Wie auch die Limonadengetränke bewirken sie einen Glukoseschub und sind sehr kalorienreich. Für den Fall, daß ein Verzicht unerträglich für Sie ist, nehmen Sie Schokolade in dünnen Scheibchen oder in Drageeform.

Falls ein Apfel Ihren Appetit auf Süßes nicht stillt, versuchen Sie es mit Rosinen oder Datteln. Sie sind herrlich süß, aber der darin enthaltene Zucker ist in Ballaststoffe gebettet.

Unten: Gesüßte Getränke meiden und statt dessen Mineralwasser oder frischen mit Wasser verdünnten Fruchtsaft trinken.

Unten: Zucker vermeiden: Greifen Sie zu Dosenfrüchten im eigenen Saft, zu Äpfeln, frischen Datteln und Rosinen.

WENIGER FETT

Weniger Kalorien aus Fett – besonders gesättigtem Fett – trägt zur Gewichtskontrolle bei und paßt in die Diabetikerdiät. Auch hier ist es nicht so schwierig, wie man denkt: Einige der neuen fettarmen Brotaufstriche sind sehr lecker und lassen sich gut in Süßspeisen und beim Backen verwenden. Muß es denn immer Butter oder Aufstrich sein? Probieren Sie einmal ein Schinkenbrot mit Senf! Ein Käsebrot schmeckt ebensogut mit etwas fettarmer Mayonnaise und einem Salatblatt.

Verwenden Sie kaltgepreßtes natives Olivenöl extra oder Sonnenblumenöl (keine Butter oder Schmalz) zum Braten. Wenn Sie Fleisch und Gemüse lange und langsam garen, statt schnell zu braten, haben Sie viel mehr Aroma. Wenn Sie auf Pommes frites nicht ganz verzichten möchten, dann sollten Sie zu ofenfertigen greifen, die weniger fett sind. Im Idealfall nehmen Sie Folienkartoffeln – aber mit Dosenthunfisch und Mais, Dosenlachs oder gebackenen Bohnen, nicht mit Bergen von Butter oder Käse gefüllt!

Chips stehen auf der Verbotsliste. Sie sind nicht nur kalorien- und fettreich (sogar die fettarmen), sondern auch sehr salzig – und wir alle sollten weniger Salz essen! Nüsse oder z. B. Sonnenblumen- oder Kürbiskerne, eventuell leicht gesalzen, sind bedeutend nahrhafter.

Oben: Eine fettarme Füllung für gebackene Kartoffeln. Hier werden die Kartoffeln einfach mit pikant gewürzten Zwiebeln und einem Klecks fettarmem Naturjoghurt serviert.

VOLLKORNBROT UND -MEHL

Sogar die eingeschworenen Weißbrot- und Baguettefans entdecken mehr und mehr das aromatische Vollkornbrot, obwohl es natürlich nicht so weich ist.

Das gleiche gilt für die Verwendung von Vollkornmehl beim Backen. Ihre Köstlichkeiten fallen vielleicht nicht mehr so locker aus, aber sie werden viel aromatischer. Es gibt eine Reihe anderer Mehlsorten, die für lockeres, aber gesünderes Backen verwendet werden können. Bewährt hat sich hier vor allem das Kichererbsenmehl. Es wird in der indischen Küche oft verwendet. Für Diabetiker hat es den Vorteil, daß es aus einer Hülsenfrucht gewonnen wird, so daß es reich an löslichen Ballaststoffen ist. Weißes Mehl kann in den meisten Fällen durch Kichererbsenmehl ersetzt werden und schmeckt köstlich, obwohl die Backwaren etwas krümelig sind.

Links: Vollkornbrot ist eine gesündere Alternative zu Weißbrot. Olivenölbrot wie Ciabatta, mit Oliven oder sonnengetrockneten Tomaten gewürzt, ist besser als ein stark bearbeitetes Weißbrotmehl.

Richtig essen

Das beste Mittel gegen den kleinen Appetit – oder den Drang zu knabbern – ist, sich satt zu essen! Greifen Sie zu großen Tellern voll mit buntem Salat oder rohem Gemüse wie Tomaten, Paprika, Gurke, Möhren und Radieschen oder kurz gegartes Gemüse (die meisten stehen auf der Diabetikerliste »Soviel man mag«, da sie fett- und kohlenhydratarm sind). Für ein Hauptgericht sollten Gemüse und Salat mit gekochtem Vollkornreis, -nudeln oder gekochten Bohnen ergänzt werden und mit reichlich frischen gehackten Kräutern und einem einfachen Dressing aus Zitronensaft und kaltgepreßtem nativem Olivenöl extra aufgepeppt werden. Sie werden erstaunt sein, wie reichhaltig diese leichten Kombinationen sind. Weil diese Kost reich an Ballaststoffen ist, werden Sie sich länger gesättigt fühlen.

Fett, Natrium und Ballaststoffe kontrollieren

Diabetiker, die nicht abnehmen müssen, sollten dennoch ihre Fett-, Natrium- (Salz) und Ballaststoffaufnahme überwachen. Enorm wichtig ist, daß Diabetiker ihren Cholesterinspiegel unter Kontrolle halten, damit das Risiko einer Erkrankung der Herzkranzgefäße gebannt ist. Der Blutdruck sollte ebenfalls niedrig bleiben. Mit einer gesunden fett- und salzarmen, ballaststoffreichen Kost kann man das erreichen.

Oben: Dieser Pilaf aus gekochtem Vollkornreis mit reichlich kurz gegartem Gemüse und Garnelen ist ein gutes Beispiel für ein einfaches, zufriedenstellendes und dabei fettarmes Gericht.

Tips zur Reduzierung von Kalorien

- Ein kleinerer Teller läßt kleinere Portionen immer noch großzügig aussehen – ein alter Trick!
- Das Essen gut kauen statt herunterzuschlingen! Fachleute empfehlen bis zu 20 »Kaubewegungen« pro Bissen, aber selbst acht oder neun dehnen die Eßzeit so aus, daß man meint, mehr gegessen zu haben.
- Falls Sie immer noch nicht abnehmen, führen Sie ein Ernährungstagebuch, in dem Sie Ihre Kost festhalten.
- Reden Sie sich nicht ein, Ihre Diät einzuhalten, falls Sie die Kekskrümel vergessen, die Sie gegessen haben, weil sie aus dem Paket gefallen ist, das Stück Käse, das Sie beim Käsereiben für ein Rezept gegessen haben, das Stückchen Wurst, das die Kinder auf dem Teller gelassen hatten, oder den Marmeladenlöffel, den Sie abgeleckt haben.
- Der Verzicht auf diese wenigen Kalorien kann genau das Quentchen sein, das ein erfolgreiches Abnehmen garantiert.

Mässigung

Es ist einfach, besonders für einen erst kürzlich diagnostizierten Diabetiker, die Ernährungsfrage zur Manie werden zu lassen. Dies ist nicht nur unnötig, sondern definitiv abträglich: es erhöht den Streß und man weiß sehr wohl, daß Streß einen Diabetiker mehr schwächt als alles andere.

WELCHE KOST IST ERLAUBT, WELCHE NICHT?

Für Diabetiker ist es sehr wichtig, ihre Ernährung im Auge zu behalten, aber gelegentliche »Ausrutscher« sind noch keine Katastrophe, zumal wenn sie bei der nächsten Mahlzeit ausgeglichen werden können. Anfangs mag es noch schwerfallen, sich zu erinnern, welches Essen das richtige ist. Der Vergleich der Kalorienwerte ist eine einfache Methode, die Nahrungsaufnahme zu kontrollieren, aber am besten prägen Sie sich die folgenden Lebensmittelkategorien so früh wie möglich ein.

DAS DÜRFEN SIE REICHLICH ESSEN

- alle grünen Gemüse und Blattgemüse
- Kohlgemüse (Blumenkohl, Broccoli, Steckrübe, Weiß- und Rotkohl etc.)
- Salatgemüse (Tomaten, Paprika, Gurke etc.)
- alle Sorten Zwiebeln
- grüne Erbsen und grüne Bohnen
- Pilze
- Früchte wie rote Johannisbeeren, Moosbeeren und rote Brombeeren
- Tee, Kaffee, Wasser, Tomatensaft (mäßig), klare Suppen

Links: frische grüne Bohnen und Erbsen. Essen Sie davon soviel Sie mögen – es gibt hier für Diabetiker keinerlei Beschränkung.

Oben: Salatgemüse wie frische Tomaten, Gurken und farbenfroher Paprika kann reichlich verzehrt werden – sie sind zucker-, fett- und kalorienarm, dabei aber eine gute Quelle für Vitamine und Mineralien.

Unten: Obst wie Birnen, Trauben, Nektarinen, Himbeeren und Pflaumen müssen als Teil der täglich erlaubten Kohlenhydratmenge berücksichtigt werden, aber sie eignen sich ideal als Zwischenmahlzeit oder ballaststoffreiches Dessert.

GUTE KOHLENHYDRATE/ EIWEISSLEBENSMITTEL

Sie sind gut für Diabetiker, müssen aber bei der Gesamtkohlenhydrat- und Eiweißmenge berechnet werden:

- alle Hülsenfrüchte, Bohnen, Erbsen
- brauner Reis und Vollkornnudeln
- Haferflocken, Vollkornmehl, -brot, ungesüßte Kekse etc.
- alle Wurzelgemüsesorten
- alle frischen Früchte
- alle Dosenfrüchte, solange sie in Fruchtsaft und nicht in Sirup eingelegt sind
- Trockenobst
- ballaststoffreiche ungesüßte Frühstückscerealien
- mageres Fleisch oder Produkte daraus
- frischer (auch tiefgekühlter) Fisch
- fettarmer Käse, entrahmte Milch, fettarmer Joghurt
- alle Sojaprodukte

Rechts: Sojabohnen und Tofu sind ideal für Diabetiker. Sojamargarine sollte, obwohl sie eine gesunde Alternative zu Butter, aber fett ist, sparsam verwendet werden.

BEDINGT ERLAUBTE LEBENSMITTEL

Diese Liste enthält die weniger »guten« kohlenhydrat- und fetthaltigen Lebensmittel – hin und wieder sind sie erlaubt:

- weißes Mehl, Brot, ungesüßte Kekse, Gebäck, Reis und Nudeln
- Maismehl, Stärke, Weizengrieß
- ungesüßte Frühstückscerealien
- alle Produkte mit gerösteten Kartoffeln wie Pommes frites und Chips
- Vollfettkäse, Sahne, Vollmilch, Joghurt
- fettes Fleisch und Würste
- salziges Fleisch und salziger Fisch
- Fruchtsäfte
- zuckerreduzierte Marmeladen und andere Brotaufstriche
- Alkohol

Links: Zu bedingt erlaubten Lebensmitteln wie Vollmilch, gesüßter Vollfettjoghurt, Vollfettkäse und Sahne sollte nur gelegentlich gegriffen werden.

WAS SIE KEINESFALLS ESSEN SOLLTEN

Nur kleinste Mengen sind erlaubt.

- Zucker: Streuzucker, Kristallzucker, grobkristalliner brauner Rohrzucker; Honig und goldgelber Flüssigzucker
- Süßigkeiten, Bonbons, Schokolade
- zuckerhaltiger Kaugummi
- zuckerhaltige Marmeladen und ähnliche Aufstriche
- süße Plätzchen, Kuchen und Teilchen aus weißem Mehl und Zucker
- Nachspeisen aus behandeltem Mehl und Raffinadezucker
- Dosenfrüchte in Sirup
- Eiscreme und Wassereis
- Fruchtsäfte, gesüßte Getränke, gesüßte Limonaden und Cola
- gesüßte Frühstückscerealien

Oben: Schokoplätzchen, Kuchen und Teilchen sollten Diabetiker meiden.

Unten: Nicht ganz tabu, aber möglichst wenig verzehren: Süßes wie (im Uhrzeigersinn von oben links) goldgelber Flüssigzucker, Streuzucker, Honig, Puderzucker und Demerarazucker.

ALKOHOL

Alkohol wie Rotwein und Lager – untergäriges Bier – (*rechts*) sind nicht völlig tabu, dürfen aber nur mäßig genossen und müssen im Diätplan berechnet werden. Vorsicht bei Getränken mit geringem Alkoholgehalt! Weil weniger Zucker in Alkohol umgewandelt ist, können sie mehr Zucker enthalten. Umgekehrt können Getränke mit wenig Zucker mehr Alkohol enthalten!

Denken Sie daran, daß Alkohol Kalorien bedeutet und daß übermäßiger Alkoholkonsum die Leber und die Bauchspeicheldrüse belastet – Organe, die bei einem Diabetiker bereits »unter Streß« stehen.

INFORMATIONEN ZU DEN REZEPTEN

Die folgenden Rezepte verstehen sich auch als Anregungen zu anderen Gerichten, die die Kriterien einer Diabetikerdiät erfüllen. Jedes gute Kochbuch sollte zum Experimentieren einladen. Unser Ziel ist es, fett- und zuckerarme Zutaten, die reich an Ballaststoffen sind (z. B. Hülsenfrüchte und Bohnen), vorzustellen und sie mit anderen Zutaten zu kombinieren. Bei den Hauptgerichten werden oft Linsen oder getrocknete Bohnen als Beilagen zu Fleisch und Gemüse vorgeschlagen. Als Öl wird ausschließlich Olivenöl oder Sonnenblumenöl verwendet. Zum Backen kommen fettarme Margarine und natürliche Fruchtsüße (abgesehen von einem gelegentlichen Schokoleckerbissen) zum Einsatz. Wer nie mit getrockneten Früchten oder frischen Fruchtpürees gekocht hat, wird über die Ergebnisse erstaunt sein – und den Zucker kaum vermissen.

Natriumspiegel – Brühwürfel oder Fonds können sehr salzig sein, wählen Sie daher »natürliche« oder »organische« ohne zusätzliches Salz. Kaufen Sie möglichst Dosenbohnen und -gemüse ohne verstecktes Salz oder Zucker.

Vorspeisen und Suppen

Gemüsevorspeisen und -suppen sind für Diabetiker ideal, da sie häufig fett- und zuckerarm, aber reich an Ballaststoffen sind. Darüber hinaus ist es einfach, sie für die ganze Familie interessant zuzubereiten. Diese farbenfrohe und schmackhafte Sammlung umfaßt einen köstlichen Salat aus Avocados und Erdbeeren, zarten Zucchini, gefüllt mit pikanter Tomaten- und Kräutersauce, sowie eine Reihe von phantastischen Suppen mit Gemüse und Hülsenfrüchten.

Gefüllte Zucchini

Herzhaft, aber dennoch kalorien- und fettarm, ideal als leichter Imbiß.

Zutaten

Für 6 Personen
6 Zucchini
1 Stange Lauch, sehr fein gehackt
1 Knoblauchzehe, zerstoßen
4–6 EL Salatsauce aus Öl und Essig
1 grüne Paprika
3 Tomaten, enthäutet und entkernt
1 EL abgespülte Kapern
1 TL frische kleingehackte Petersilie
1 TL frisches kleingehacktes Basilikum
Meersalz und schwarzer Pfeffer aus der Mühle
Petersilienstengel zum Garnieren

1 Zucchini an den Enden abschneiden, nicht schälen. Leicht gesalzenes Wasser in einer großen flachen Pfanne aufkochen, Zucchini hineingeben und 2–3 Minuten köcheln lassen, bis sie kurz gegart sind. Gut abtropfen lassen.

2 Zucchini längs halbieren. Fruchtfleisch mit einem Löffel herausschälen, wobei die Schale unbeschädigt bleiben soll. Fruchtfleisch fein würfeln und in eine Schüssel legen, wo es mit der Hälfte des gehackten Lauchs bedeckt wird. Zerstoßenen Knoblauch darauf verteilen. 2 EL Salatsauce darüberträufeln, abdecken und 2–3 Stunden marinieren lassen. Zucchinihälften in Klarsichtfolie einwickeln und kühl stellen.

3 Paprika halbieren, Strunk und Samenkörner herausnehmen. Fleisch würfeln. Tomaten und Kapern kleinschneiden. Paprika, Tomaten und Kapern in die Zucchinimischung mit dem restlichen Lauch und gehackten Kräutern rühren. Salzen und pfeffern. Restliche Salatsauce darübergießen, um die Mischung anzufeuchten. Gut mischen. Füllung mit dem Löffel in die Zucchinihälften geben, auf einer Platte anrichten und mit Petersilie garniert servieren.

Nährwerthinweis

Pro Portion:	
Energie	9 kcal/390 kJ
Fett, insgesamt	7,3 g
gesättigtes Fett	1,1 g
mehrfach ungesättigtes Fett	0,9 g
einfach ungesättigtes Fett	4,9 g
Kohlenhydrate	5,3 g
Zucker, insgesamt	4,75 g
Stärke	0,2 g
Ballaststoffe	1,95 g
Natrium	60 mg

Persisches Omelette

Dieses Omelette kann warm oder kalt als Vorspeise oder in Stücke geschnitten mit Getränken serviert werden. Kräuter und Nüsse geben Substanz und Geschmack.

ZUTATEN

Für 8 Personen

2 EL Olivenöl oder Sonnenblumenöl
2 Stangen Lauch, fein geschnitten
350 g frischer Spinat, gewaschen und klein geschnitten, oder 150 g aufgetauter Tiefkühlspinat, abgetropft
12 Eier
8 Frühlingszwiebeln, fein gehackt
2 Handvoll Petersilie, fein gehackt
1–2 Handvoll frischer Koriander, gehackt
2 frische Estragonzweige, gehackt oder 1/2 TL getrocknetes Estragon
1 Handvoll frischer Schnittlauch, gehackt
1 kleiner Zweig frischer Dill, gehackt, oder 1/4 TL getrockneter Dill
2–4 frische Minzezweige, gehackt
1/3 Tasse Wal- oder Pekannüsse, gehackt
1/2 Tasse Pinienkerne
Meersalz, schwarzer Pfeffer aus der Mühle
Salat zum Anrichten

1 Öl in einer großen, flachen Pfanne, die unter den Grill gestellt werden kann, erhitzen. Lauch hineingeben und ca. 5 Minuten bei niedriger Hitze dünsten, bis er gerade weich wird.

2 Bei frischem Spinat wird dieser in die Pfanne zu dem Lauch gegeben und 2–3 Minuten bei mittlerer Hitze gegart, bis der Spinat schrumpft.

3 Eier in einer Schüssel aufschlagen. Lauch- und Spinatmischung (oder Lauch mit aufgetautem Tiefkühlspinat) hineingeben, dann Frühlingszwiebeln mit Kräutern und Nüssen einrühren. Salzen und pfeffern. Mischung in die Pfanne gießen und abdecken.

4 Bei niedriger Hitze 25 Minuten bis zum Festwerden garen. Deckel abnehmen, die Oberfläche unter einem heißen Grill bräunen. Mit Salat servieren.

NÄHRWERTHINWEIS

Pro Portion:	
Energie	258 kcal/1073 kJ
Fett, insgesamt	21 g
gesättigtes Fett	3,9 g
mehrfach ungesättigtes Fett	6,1 g
einfach ungesättigtes Fett	8,7 g
Kohlenhydrate	2,8 g
Zucker, insgesamt	2,3 g
Stärke	0,15 g
Ballaststoffe	1,9 g
Natrium	192 mg

Pastete aus Aubergine und geräucherten Forellen

Zutaten

Für 6 Personen
1 große Aubergine
2–3 Knoblauchzehen, ungeschält
4 geräucherte Forellenfilets
Saft von 1 Zitrone
Meersalz, schwarzer Pfeffer aus der Mühle
Toast zum Anrichten

Nährwerthinweis

Pro Portion:	
Energie	145 kcal/609 kJ
Fett, insgesamt	4,7 g
gesättigtes Fett	1,05 g
mehrfach ungesättigtes Fett	1,6 g
einfach ungesättigtes Fett	1,6 g
Kohlenhydrate	1,6 g
Zucker, insgesamt	1,1 g
Stärke	0,5 g
Ballaststoffe	1,1 g
Natrium	89 mg

1 Aubergine in dicke Scheiben schneiden; die Scheiben in einem Dampfkochtopf auslegen. Knoblauchzehen zwischen die Scheiben stecken. Über kochendem Wasser 10–15 Minuten dämpfen, bis Auberginenscheiben und Knoblauchzehen ziemlich weich sind.

2 Mit einem kleinen scharfen Messer vorsichtig die Haut um die Auberginenscheiben abschneiden.

3 Forellenfilets enthäuten, grob hacken und in eine Küchenmaschine geben. Knoblauchzehen enthäuten und mit den Auberginenscheiben ebenfalls in die Küchenmaschine geben. Zitronensaft hinzufügen und alles zu einer glatten Masse zerkleinern. In eine Schüssel geben und würzen. Abkühlen lassen, dann kühl stellen. Mit Toast servieren.

Salat aus Avocados und Erdbeeren

Die Kombination von Avocados und Erdbeeren macht sich gut in diesem erfrischenden Salat.

Zutaten

Für 6 Personen
2 große reife Avocados
Saft von 2–3 Zitronen
15 Erdbeeren
1/2 Tasse fettarmer Naturjoghurt
1–2 EL gehackte frische Minze
Meersalz und schwarzer Pfeffer aus der Mühle
Minzezweig zum Garnieren

Tip

Salat sofort servieren, bevor die Avocadoscheiben die Farbe verlieren.

1 Avocados halbieren, Haut und Kerne entfernen. Avocadofleisch in dünne Scheiben schneiden, in eine Schüssel legen und die Hälfte des Zitronensafts darübersprenkeln.

Nährwerthinweis

Pro Portion:	
Energie	93 kcal/387 kJ
Fett, insgesamt	8 g
gesättigtes Fett	1,75 g
mehrfach ungesättigtes Fett	0,9 g
einfach ungesättigtes Fett	4,9 g
Kohlenhydrate	3,5 g
Zucker, insgesamt	2,8 g
Stärke	0 g
Ballaststoffe	1,5 g
Natrium	20 mg

2 Erdbeeren halbieren oder in Scheiben schneiden und leicht mit den Avocadoscheiben in der Schüssel vermengen. Joghurt mit kaltem Wasser mischen. Minze einrühren; abschmecken. Dressing löffelweise über den Salat geben, mit Minze garnieren und servieren.

Suppe aus Süßkartoffeln und roten Paprika

Eine farbenfrohe und schmackhafte Suppe.

ZUTATEN

Für 6 Personen
500 g Süßkartoffeln
2 rote Paprika, etwa 225 g, Samenkörner entfernt und gewürfelt
1 Zwiebel, grob gehackt
2 große Knoblauchzehen, grob gehackt
300 ml trockener Weißwein
1,2 Liter Gemüse- oder leichter Hühnerfond
Tabasco-Sauce (wahlweise)
Meersalz und schwarzer Pfeffer aus der Mühle
Landbrot zum Servieren

1 Süßkartoffeln schälen und würfeln. Mit roten Paprika, Zwiebel, Knoblauch, Wein und Gemüse- oder Hühnerfond in eine flache Kasserolle geben. Aufkochen, Hitze herunterschalten und 30 Minuten lang köcheln lassen, bis das Gemüse fast weich ist.

2 Mischung im Mixer oder einer Küchenmaschine zu einer glatten Masse verarbeiten. Mit Salz, Pfeffer und evtl. Tabasco-Spritzern abschmecken. In eine Terrine oder Schüssel gießen; leicht abkühlen lassen. Warm oder bei Raumtemperatur mit Brot servieren.

TIP

Suppe gegebenenfalls mit fein gewürfelter roter, grüner oder gelber Paprika garnieren.

NÄHRWERTHINWEIS

Pro Portion:	**2 BE**
Energie	122 kcal/516 kJ
Fett, insgesamt	0,4 g
gesättigtes Fett	0,1 g
mehrfach ungesättigtes Fett	0,17 g
einfach ungesättigtes Fett	0 g
Kohlenhydrate	21,4 g
Zucker, insgesamt	7,9 g
Stärke	13,2 g
Ballaststoffe	2,8 g
Natrium	37 mg

Linsensuppe mit Knoblauch

Die ballaststoffreichen Linsen ergeben eine sehr leckere Suppe. Im Gegensatz zu anderen Hülsenfrüchten braucht man sie vor dem Kochen nicht einzuweichen.

Zutaten

Für 6 Personen

1 Tasse rote Linsen, gewaschen und abgetropft
2 Zwiebeln, fein gehackt
2 große Knoblauchzehen, fein gehackt
1 Möhre, sehr fein gehackt
2 EL Olivenöl
2 Lorbeerblätter
gute Prise getrockneter Majoran oder Oregano
1,5 Liter Gemüsefond
2 EL Rotweinessig
Meersalz, schwarzer Pfeffer aus der Mühle
Selleriegrün zum Garnieren
Knusprige Brötchen zum Servieren

Tip

Kauft man lose Linsen, sollte man sie in ein Sieb geben und alle Körnchen vor dem Waschen aussortieren.

1 Alle Zutaten, außer dem Essig, der Garnierung und den Gewürzen, in eine große Kasserolle mit schwerem Boden geben. Bei mittlerer Hitze aufkochen, dann Hitze herunterschalten und 90 Minuten bei gelegentlichem Rühren, damit die Linsen sich nicht am Topfboden festsetzen, köcheln lassen.

2 Lorbeerblätter herausnehmen und den Rotweinessig hineingeben, mit Salz und Pfeffer abschmecken. Falls die Suppe zu dickflüssig ist, mit zusätzlichem Gemüsefond oder Wasser verdünnen. Suppe in vorgewärmten Suppenschalen mit Selleriegrün garniert und mit knusprigen Brötchen servieren.

Nährwerthinweis

Pro Portion:	**3 BE**
Energie	167 kcal/748 kJ
Fett, insgesamt	5,6 g
gesättigtes Fett	0,8 g
mehrfach ungesättigtes Fett	0,65 g
einfach ungesättigtes Fett	3,7 g
Kohlenhydrate	32,6 g
Zucker, insgesamt	2,6 g
Stärke	19,3 g
Ballaststoffe	2,45 g
Natrium	18,5 mg

Frau Blencowes grüne Erbsensuppe mit Spinat

Diese wunderbare grüne Suppe wurde von der Frau eines britischen Parlamentsmitglieds im 17. Jh. erdacht.

Zutaten

Für 6 Personen

3 Tassen frische enthülste oder tiefgefrorene Erbsen
1 Stange Lauch, in dünnen Scheiben
2 Knoblauchzehen, zerstoßen
2 Scheiben Hinterschinken ohne Schwarte, fein gewürfelt
1,2 Liter Rindfleisch- oder Hühnerfond
2 EL Olivenöl
50 g frischer Spinat, klein geschnitten
40 g Weißkohl, sehr klein geschnitten
1/2 kleiner Kopfsalat, fein geschnitten
1 Staudensellerie, fein gehackt
1 große Handvoll Petersilie, fein gehackt
1/2 Karton Senfblätter und Kresse
4 TL gehackte frische Minze
Prise Muskatblüte
Meersalz und schwarzer Pfeffer aus der Mühle

1 Erbsen, Lauch, Knoblauch und Schinkenspeck in eine große Kasserolle geben. Fond angießen. Aufkochen, dann Hitze herunterschalten und 20 Minuten köcheln lassen.

2 Kurz bevor die Mischung fertig ist, Öl in tiefer Pfanne erhitzen.

Tip

Statt frischem Spinat können Sie auch 25 g tiefgefrorenen Blattspinat verwenden.

3 Spinat, Kohl, Salat, Sellerie und Kräuter zugeben. Abdecken und die Mischung bei niedriger Hitze dünsten.

4 Das Ganze in Mixer oder Küchenmaschine zu einer glatten Masse verarbeiten; mit der gedünsteten Gemüse-Kräutermischung in die Kasserolle geben und erwärmen. Mit Muskatblüte, Salz und Pfeffer würzen und servieren.

Nährwerthinweis

Pro Portion:	**1 BE**
Energie	140 kcal/575 kJ
Fett, insgesamt	7,6 g
gesättigtes Fett	1,45 g
mehrfach ungesättigtes Fett	1,2 g
einfach ungesättigtes Fett	4,4 g
Kohlenhydrate	10 g
Zucker, insgesamt	2,7 g
Stärke	5,8 g
Ballaststoffe	4,4 g
Natrium	165 mg

Cremesuppe aus Sellerieknolle und Spinat

Die Sellerieknolle hat ein wunderbares Aroma, das an Staudensellerie erinnert. Hier wird sie mit Spinat zu einer köstlichen Suppe zubereitet.

ZUTATEN

Für 6 Personen

1 Stange Lauch
500 g Sellerieknolle
1 Liter Wasser
250 ml trockener Weißwein
200 g frischer Blattspinat
halbentrahmte Milch (wahlweise)
1/3 Tasse Pinienkerne
Meersalz, schwarzer Pfeffer aus der Mühle und geriebene Muskatnuß

1 Wurzel abschneiden, Lauch halbieren. Unter fließendem Wasser abspülen, dann in dicke Scheiben schneiden. Sellerie schälen und würfeln.

2 Wasser und Wein in einem Krug mischen. Lauch und Sellerie mit dem Spinat in eine tiefe Kasserolle geben und die Flüssigkeit darübergießen. Aufkochen, Hitze herunterschalten und 10–15 Minuten köcheln lassen.

3 Selleriemischung im Mixer oder einer Küchenmaschine pürieren. In die gereinigte Kasserolle geben und mit Salz, Pfeffer und Muskat abschmecken. Falls die Suppe zu dickflüssig ist, mit etwas Wasser oder halbentrahmter Milch verdünnen. Leicht aufwärmen.

4 Pinienkerne in einer beschichteten Pfanne goldbraun rösten, über die Suppe streuen und servieren.

NÄHRWERTHINWEIS

Pro Portion:	
Energie	82 kcal/340 kJ
Fett, insgesamt	3,5 g
gesättigtes Fett	0,25 g
mehrfach ungesättigtes Fett	1,9 g
einfach ungesättigtes Fett	0,85 g
Kohlenhydrate	3,25 g
Zucker, insgesamt	2,7 g
Stärke	0,5 g
Ballaststoffe	4 g
Natrium	124 mg

Fisch und Fleisch

Fisch eignet sich ausgezeichnet für Diabetiker, und Gerichte wie Pilaf mit Garnelen oder Blätterteigtaschen gefüllt mit Sardinen und Spinat sind gesund und leicht. Fleischgerichte, die für Diabetiker ballastreich sein müssen, sind eine eher herzhaftere Kost. Die folgende Auswahl umfaßt Rindfleisch-Linsenbällchen, die in einer Tomatensauce gekocht werden, zart gebratene Lammkeule mit kleinen Bohnen, und Würstchen kombiniert mit gemischten Bohnen und Schinkenspeck – ein feuriges Gericht für Winterabende.

Suppe mit Fenchel und geräuchertem Schellfisch

Diese Suppe ist gut geeignet als gehaltvoller Hauptgang.

Zutaten

Für 8 Personen

1 große Fenchelknolle
2 große Stangen Lauch, in dünne Scheiben geschnitten
225 g neue Kartoffeln, gebürstet, halbiert oder geviertelt (bei großen)
1 TL Dillsamen
2 große Knoblauchzehen, in dünne Scheiben geschnitten
1/2 Zitrone
6 Tassen Wasser
300 ml trockener Weißwein
225 g geräuchertes Schellfischfilet, gehäutet
Meersalz, schwarzer Pfeffer aus der Mühle
gehackte Petersilie zum Garnieren

1 Fenchel vierteln, den Strunk herausschneiden und jedes Stück in dünne Scheiben schneiden. Mit Lauch, Kartoffeln, Dillsamen und Knoblauch in einen Topf geben. Halbe Zitrone in dicke Scheiben schneiden und diese mit in den Topf geben. Wasser und Wein darübergießen.

2 Mit reichlich Pfeffer würzen, dann aufkochen, Hitze herunterschalten und etwa 30 Minuten köcheln lassen, bis die Kartoffeln und der Fenchel gar sind.

3 Schellfisch in kleine Stücke schneiden, in den Topf geben. Die Mischung weitere 10 Minuten köcheln lassen. Zitronenscheiben entfernen und Suppe leicht umrühren. Salzen und pfeffern. Mit Petersilie bestreut servieren.

Nährwerthinweis

Pro Portion:	
Energie	75 kcal/316 kJ
Fett, insgesamt	0,5 g
gesättigtes Fett	0,1 g
mehrfach ungesättigtes Fett	0,15 g
einfach ungesättigtes Fett	0,1 g
Kohlenhydrate	6 g
Zucker, insgesamt	1,5 g
Stärke	4,35 g
Ballaststoffe	1,2 g
Natrium	221 mg

Spaghetti mit Räucherlachs

Zutaten

Für 6 Personen
2 EL Olivenöl
115 g Champignons, in dünne Scheiben geschnitten
250 ml trockener Weißwein
1 1/2 TL frischer Dill oder 1 TL getrocknetes Dillkraut
1 Handvoll frischer Schnittlauch, gehackt
300 ml sehr fettarme ungesüßte Sojasahne oder sehr fettarmer Frischkäse
225 g geräucherter Lachs, in dünne Streifen geschnitten
Zitronensaft
350 g frische Spaghetti
Meersalz, schwarzer Pfeffer aus der Mühle
Schnittlauch zum Garnieren

1 Öl in einer großen, flachen Pfanne erhitzen. Champignons hineingeben und bei niedriger Hitze 4–5 Minuten braten, bis sie weich, aber noch nicht braun sind.

2 Weißwein in die Pfanne geben. Hitze hochschalten und etwa 5 Minuten kochen, bis der Wein stark eingekocht ist.

3 Kräuter einrühren und die Sojasahne oder den Frischkäse hineingeben. Lachs hineinlegen und die Sauce leicht erhitzen, aber nicht kochen lassen, sonst gerinnt sie. Mit Pfeffer und Zitronensaft abschmecken. Pfanne abdecken und die Sauce warm halten.

4 Nudeln im großen Topf mit gesalzenem kochendem Wasser »al dente« garen. Abtropfen lassen, in kochendem Wasser spülen und abtropfen lassen. In eine vorgewärmte Schüssel geben und die Lachssauce vor dem Servieren untermischen, mit Schnittlauch garnieren.

Nährwerthinweis

Pro Portion:	4 BE
Energie	346 kcal/1464 kJ
Fett, insgesamt	8,3 g
gesättigtes Fett	1,35 g
mehrfach ungesättigtes Fett	1,6 g
einfach ungesättigtes Fett	4,5 g
Kohlenhydrate	42,4 g
Zucker, insgesamt	5,8 g
Stärke	36,5 g
Ballaststoffe	5,16 g
Natrium	800 mg

Tip

Der Geschmack von Sojasahne ist vielleicht etwas gewöhnungsbedürftig, sie stellt aber einen sehr erfolgreichen fettarmen Ersatz für herkömmliche Sahne bei Gerichten wie diesem mit starkem Eigenaroma dar.

Blätterteigtaschen gefüllt mit Sardinen und Spinat

Wem es schwerfällt, öligen Fisch zu essen, dem wird hier geholfen.

ZUTATEN

Für 6 Personen

2 x 120 g große Dosensardinen in Öl
3 Stangen Lauch, fein gehackt
300 g frischer Blattspinat, klein geschnitten
2 Tomaten, enthäutet, Samen entfernt und fein gehackt
Zitronensaft
24 Platten Blätterteig, Quadrate von ca. 20 cm, aufgetaut, wenn Tiefkühlware
2 EL Olivenöl zum Bestreichen des Blätterteigs
Meersalz, schwarzer Pfeffer aus der Mühle
Salatblätter zum Garnieren

1 Backofen auf 180 °C/Gas Stufe 4 vorheizen. Öl aus einer der Sardinendosen in eine Pfanne geben. Sechs Sardinen beiseite legen. Öl erhitzen und Lauch 5 Minuten anbraten, Spinat und Tomaten dazugeben und bei niedriger Hitze 5 Minuten garen. Mit Salz, Pfeffer und Zitronensaft abschmecken.

2 Je vier Platten Blätterteig im Winkel von je 45° zur unteren aufeinanderlegen, wobei jede Platte mit Olivenöl bestrichen wird. Gemüse in sechs Portionen aufteilen und jeweils mittig auf die oberste Platte setzen. Je eine Sardine in die Mischung drücken.

3 Blätterteig zu einer Tasche falten, die überlappenden Enden mit Öl bestreichen. Taschen auf der Oberseite mit Öl bestreichen; in Backpapier wickeln. Blätterteigtaschen 20 Minuten backen oder bis der Teig knusprig braun ist. Mit Salatblättern garnieren.

NÄHRWERTHINWEIS

Pro Portion:	**2 BE**
Energie	251 kcal/1048 kJ
Fett, insgesamt	12 g
gesättigtes Fett	1,9 g
mehrfach ungesättigtes Fett	2,8 g
einfach ungesättigtes Fett	5,65 g
Kohlenhydrate	22,5 g
Zucker, insgesamt	2,5 g
Stärke	20 g
Ballaststoffe	2,2 g
Natrium	253 mg

Türkischer Garnelenpilaf

Zutaten

Für 6 Personen

4 EL Olivenöl
1 Zwiebel, fein gehackt
2 große rote Paprika, Samen entfernt und fein gehackt
2 Knoblauchzehen, fein gehackt
350 g brauner Reis
1 TL gemahlener Piment
1 TL gemahlener Kreuzkümmel
2 TL getrocknete Minze oder Basilikum
225 g gegarte entschalte Garnelen, aufgetaut, wenn Tiefkühlkost
3 EL Korinthen
Saft von 2 großen Zitronen
2 Handvoll frische Petersilie, fein gehackt
Meersalz, schwarzer Pfeffer aus der Mühle
Salat zum Garnieren

1 Öl in einer Pfanne erhitzen. Zwiebel, Paprika und Knoblauch bei niedriger Hitze 10 Minuten dünsten, bis die Zwiebel weich, aber nicht braun ist.

2 Reis, Gewürze und Minze oder Basilikum hineingeben. 2–3 Minuten unter Rühren anbraten, dann soviel Wasser angießen, daß der Reis bedeckt ist. Aufkochen, Hitze herunterschalten und 10–15 Minuten ohne Deckel köcheln lassen, bis der Reis gerade gar ist.

3 Garnelen, Korinthen und etwas Salz zum Abschmecken zugeben. Weitere 4 Minuten garen, bis die Garnelen heiß sind, dann Zitronensaft und Petersilie zugeben. Mit Pfeffer abschmecken. Den Pilaff warm oder kalt mit Salat servieren.

Nährwerthinweis

Pro Portion:	5 BE
Energie	383 kcal/1612 kJ
Fett, insgesamt	12,6 g
gesättigtes Fett	2 g
mehrfach ungesättigtes Fett	1,7 g
einfach ungesättigtes Fett	7,9 g
Kohlenhydrate	58 g
Zucker, insgesamt	10 g
Stärke	47 g
Ballaststoffe	2,4 g
Natrium	606 mg

Herzhafte Oberschale vom Rind

Eine würzige Marinade verleiht Rindfleisch ein gutes Aroma.

Zutaten

Für 8 Personen

2 TL Koriandersamen
1 TL Anissamen, Fenchelsamen, getrockneter Thymian, gemahlene Nelken, Meersalz und gemahlener schwarzer Pfeffer
1/2 TL gemahlener Zimt
600 ml trockener Weißwein
1–1,2 kg Oberschale vom Rind
2 EL Olivenöl
2 Zwiebeln, fein gehackt
2 Möhren, fein gehackt
2 Selleriestauden, fein gehackt
1 Pastinake, fein gehackt
4 Prinzeßböhnchen, fein gehackt
8 Champignons, fein gehackt
300 ml selbstgemachter Rinder- oder Hühnerfond
7 EL Rotwein
2 frische Stengel Petersilie
Gebackene Kartoffel zum Servieren

1 Anis- und Fenchelsamen im Mörser zerstoßen. Restliche Gewürze unterrühren, die Mischung in eine Schüssel geben und Weißwein einrühren.

Tip

Geduld ist hier der Schlüssel zum Erfolg. Marinieren Sie das Fleisch über die angegebene Zeit; garen Sie es sehr langsam.

2 Rindfleisch in eine tiefe Glas- oder Porzellanschüssel geben. Marinade über das Fleisch gießen, Schüssel abdekken und im Kühlschrank oder an einem kühlen Ort ca. 24 Stunden marinieren.

3 Backofen auf 150 °C/Gas Stufe 2 vorheizen. Öl in einem tiefen Bräter erhitzen, der gerade groß genug ist, daß das Fleisch gut hineinpaßt. Sämtliches Gemüse hineingeben und bei niedriger Hitze 15–20 Minuten dünsten oder bis es weich zu werden beginnt.

4 Fleisch aus der Marinade heben und auf das Gemüse setzen. 300 ml Tassen Marinade durch ein Sieb in einen Topf gießen und Fond und Rotwein zugeben.

5 Flüssigkeit über das Fleisch gießen. Petersilie zugeben, Bräter abdecken und 2–3 Stunden in den Backofen geben. Mit Kartoffeln servieren.

Nährwerthinweis

Pro Portion:	
Energie	260 kcal/1088 kJ
Fett, insgesamt	7,95 g
gesättigtes Fett	2 g
mehrfach ungesättigtes Fett	0,73 g
einfach ungesättigtes Fett	4,25 g
Kohlenhydrate	4,3 g
Zucker, insgesamt	2,8 g
Stärke	0,8 g
Ballaststoffe	1,25 g
Natrium	203 mg

Lamm mit weißen Bohnen und grünem Pfeffer

Durch das langsame Braten der Lammkeule auf einem Bohnenbett wird das Fleisch so wunderbar, daß es auf der Zunge zergeht.

Zutaten

Für 6 Personen

8–10 Knoblauchzehen, geschält
1,75 kg Lammkeule
2 EL Olivenöl
400 g frischer Blattspinat
400 g weiße Dosenbohnen, abgetropft
400 g Butterbohnen aus der Dose, abgetropft
2 große Zweige frischer Rosmarin
1–2 EL abgetropfte grüne Pfefferkörner
Kartoffeln zum Servieren

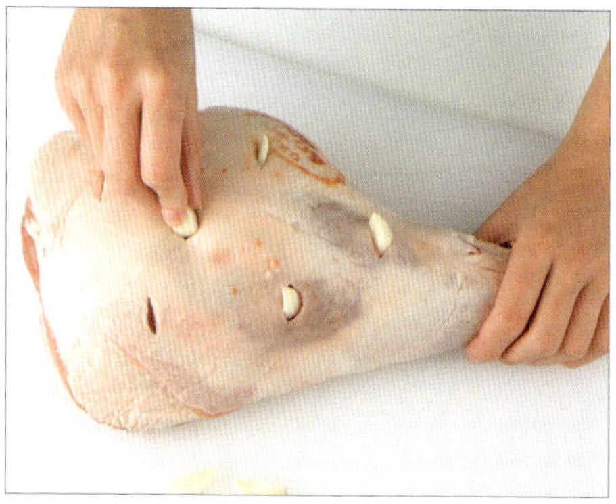

1 Backofen auf 150 °C/Gas Stufe 2 vorheizen. 4 Knoblauchzehen beiseite legen, den Rest längs in 3 oder 4 Scheiben schneiden. Flache Schlitze in die Haut der Lammkeule ritzen und eine Scheibe Knoblauch hineinstecken.

2 Öl in einer feuerfesten schweren Kasserolle, groß genug für die Keule, erhitzen. Den beiseite gestellten Knoblauch und den Spinat hineingeben, 4–5 Minuten bei hoher Hitze anbraten oder bis der Spinat sich zusammenzieht.

3 Weiße Bohnen und Butterbohnen zugeben, Rosmarinzweige und Pfefferkörner dazwischen legen. Lammkeule auflegen. Mit Folie oder Deckel abdekken; 3–4 Stunden braten, bis das Fleisch den gewünschten Garheitsgrad hat. Mit Spinat, Bohnen und Kartoffeln servieren.

Nährwerthinweis

Pro Portion:	**1 BE**
Energie	312 kcal/1306 kJ
Fett, insgesamt	14,5 g
gesättigtes Fett	4,6 g
mehrfach ungesättigtes Fett	1,4 g
einfach ungesättigtes Fett	6,9 g
Kohlenhydrate	17,8 g
Zucker, insgesamt	2,3 g
Stärke	14,2 g
Ballaststoffe	6 g
Natrium	172 mg

Topf mit Schinkenspeck, Würstchen und Bohnen

Dieses Gericht eignet sich perfekt für einen Winterabend.

ZUTATEN

Für 6 Personen

Je 150 g getrocknete Augenbohnen, gesprenkelte Bohnen und Cannellini-Bohnen
1 EL Olivenöl
6 Streifen geräucherter Schinkenspeck
6 kleine Bratwürste
3 große Möhren, halbiert
3 große Zwiebel, halbiert
1 kleine Knoblauchzwiebel, in Zehen
4 Lorbeerblätter
2 Zweige frischer Thymian
1–2 EL getrocknete grüne Pfefferkörner
300 ml ungesalzener Gemüsefond oder Wasser
300 ml Rotwein
Meersalz, schwarzer Pfeffer aus der Mühle
grüner Salat zum Servieren
Thymianzweige zum Garnieren

1 In einem großen Topf ungesalzenes Wasser zum Kochen bringen. Die Bohnen zugeben und bei starker Hitze 30 Minuten kochen. Abtropfen lassen und beiseite stellen.

2 Olivenöl in eine große feuerfeste Kasserolle mit schwerem Boden geben, die Schinkenspeckstreifen hineinlegen. Die ganzen Würstchen und die halbierten Möhren und Zwiebel zugeben. Knoblauch schälen und mit dem Lorbeer, Thymianzweigen und Pfefferkörnern in die Mischung drücken. Mit einem Löffel die gekochten, abgetropften Bohnen auf die Mischung geben.

3 Fond oder Wasser und Wein angießen. Kasserolle abdecken und die Flüssigkeit bei mittlerer Hitze aufkochen. Hitze auf niedrigste Stufe herunterschalten und 4–6 Stunden unter gelegentlichem Rühren und evtl. Zugabe von Flüssigkeit kochen. Mischung vor dem Servieren umrühren und würzen, mit Thymian garnieren. Aus der Kasserolle servieren. Dazu grünen Salat reichen.

NÄHRWERTHINWEIS

Pro Portion:	3 BE
Energie	410 kcal/1714 kJ
Fett, insgesamt	20,5 g
gesättigtes Fett	6,7 g
mehrfach ungesättigtes Fett	2,3 g
einfach ungesättigtes Fett	10,25 g
Kohlenhydrate	33,8 g
Zucker, insgesamt	5,4 g
Stärke	25,6 g
Ballaststoffe	7 g
Natrium	467 mg

Zweimal Hähnchen mit Gemüse

Dieses zarte Hähnchen ergibt ein schmackhaftes Mittag- oder Abendessen, und mit dem Fond und dem übriggebliebenen Gemüse eine nahrhafte Suppe.

Zutaten

Für 6 Personen

1,5 kg Hähnchen
2 Zwiebeln, geviertelt
3 Möhren, in dicke Scheiben geschnitten
2 Selleriestauden, gehackt
1 Pastinak oder Steckrübe, in dicke Scheiben geschnitten
50 g Champignons, grob gehackt
1–2 Zweige frischer Thymian oder 1 TL getrockneter Thymian
4 Lorbeerblätter
1 großer Bund frische Petersilie
1 Tasse Vollkornnudeln
Meersalz, schwarzer Pfeffer aus der Mühle
Neue Kartoffeln oder Nudeln, Zuckerschoten oder Prinzeßböhnchen und Brot zum Servieren

1 Überflüssiges Fett abschneiden, Hähnchen in feuerfeste Kasserolle legen, Gemüse und Kräuter dazugeben. Mit Wasser bedecken, bei mittlerer Hitze aufkochen, dabei Schaum abschöpfen. Wenn das Wasser kocht, Hitze herunterschalten und 2–3 Stunden köcheln lassen. Fleisch kleinschneiden, Haut und Knochen entfernen, alle kleinen Teile in die Kasserolle geben. Hähnchen mit Gemüse aus der Kasserolle und neuen Kartoffeln oder Nudeln und Zuckerschoten oder Prinzeßböhnchen servieren.

2 Alle großen Petersilien- und Thymianzweige aus dem Topf nehmen, Flüssigkeit abkühlen lassen und über Nacht kühl stellen. Am nächsten Tag das fest gewordene Fett an der Oberfläche entfernen. Suppe langsam erhitzen.

3 Wenn die Suppe kocht, die Nudeln mit Salz, sofern nötig, zugeben und 10–12 Minuten kochen lassen oder bis die Nudeln gar sind. Mit Salz und Pfeffer würzen und mit Petersilie garnieren. Mit Vollkornbrot servieren.

Nährwerthinweis

Pro Portion:	**1 BE**
Energie	212 kcal/896 kJ
Fett, insgesamt	3,3 g
gesättigtes Fett	0,8 g
mehrfach ungesättigtes Fett	0,8 g
einfach ungesättigtes Fett	1,3 g
Kohlenhydrate	17,5 g
Zucker, insgesamt	3,7 g
Stärke	12,7 g
Ballaststoffe	3,2 g
Natrium	130 mg

Hähnchen mit Butterbohnen und Knoblauch

Ein Eintopf, bei dem Hähnchen mit Lauch, Fenchel und Butterbohnen kombiniert wird.

Zutaten

Für 6 Personen

2 Stangen Lauch
1 kleine Fenchelknolle, grob gehackt
4 Knoblauchzehen, geschält
2 x 400 g Butterbohnen aus der Dose, abgetropft
2 Handvoll frische Petersilie, gehackt
300 ml trockener Weißwein
300 ml Gemüsefond
1,5 kg Hähnchen
Petersilie zum Garnieren
Gekochtes grünes Gemüse zum Servieren

1 Backofen auf 180 °C/Gas Stufe 4 vorheizen. Lauch halbieren, waschen, in dicke Scheiben schneiden, Fenchel vierteln, Strunk herausschneiden und Viertel grob hacken.

Nährwerthinweis

Pro Portion:	**2 BE**
Energie	304 kcal/1288 kJ
Fett, insgesamt	3,4 g
gesättigtes Fett	0,8 g
mehrfach ungesättigtes Fett	0,9 g
einfach ungesättigtes Fett	1,2 g
Kohlenhydrate	26,2 g
Zucker, insgesamt	3,2 g
Stärke	21,2 g
Ballaststoffe	8 g
Natrium	105 mg

2 Lauch, Fenchel, ganze Knoblauchzehen, Butterbohnen und Petersilie in einer Schüssel mischen. Mischung in einer feuerfesten Kasserolle mit schwerem Boden ausbreiten. Weißwein und Gemüsefond angießen.

3 Hähnchen auflegen. Flüssigkeit aufkochen, Kasserolle abdecken und in den Backofen schieben. 1–1 1/2 Stunden garen, bis das Fleisch so zart ist, daß es vom Knochen fällt. Mit Petersilie garnieren und mit kurz gedünstetem grünem Gemüse servieren.

Rindfleisch-Linsenbällchen mit Tomatensauce

Gehacktes Rindfleisch mit Linsen gemischt erhöht nicht nur den Faseranteil dieser Fleischbällchen, sondern verleiht auch mehr Geschmack.

ZUTATEN

Für 8 Personen

1 EL Olivenöl
2 Zwiebeln, fein gehackt
2 Selleriestauden, fein gehackt
2 große Möhren, fein gehackt
400 g mageres Rindergehacktes
200 g braune Linsen
400 g Eiertomaten aus der Dose
2 EL Tomatenpüree
2 Lorbeerblätter
300 ml Gemüsefond
175 ml Rotwein
2–3 EL Worcestersauce
2 Eier
2 Handvoll frische Petersilie, gehackt
Meersalz, schwarzer Pfeffer aus der Mühle
Kartoffelpüree und grüner Salat zum Servieren

Für die Tomatensauce

4 Zwiebeln, fein gehackt
2 x 400 g Eiertomaten in Dosen, gehackt
60 ml trockener Rotwein
3 Zweige frischer Dill, fein gehackt

1 Die Tomatensauce zubereiten. Zwiebeln, Eiertomaten aus der Dose und Rotwein in einen Topf geben und mischen. Aufkochen, Hitze herunterschalten, Topf abdecken und 30 Minuten köcheln lassen. Mischung in einem Mixer oder einer Küchenmaschine pürieren; wieder in den Topf geben.

2 Fleischbällchen zubereiten. Öl in einem großen Topf erhitzen und Zwiebeln, Sellerie und Möhren 5–10 Minuten, oder bis die Zwiebeln und Möhren weich sind, garen.

3 Rindergehacktes zugeben und bei starker Hitze unter Rühren anbraten, bis das Fleisch gebräunt ist.

4 Linsen, Tomaten, Tomatenpüree, Lorbeerblätter, Gemüsefond und Wein zugeben. Gut mischen und zum Kochen bringen. Hitze herunterschalten und 20–30 Minuten köcheln lassen, bis die Flüssigkeit nahezu eingekocht ist. Lorbeerblätter herausnehmen, Worcestersauce in die Linsenmischung rühren.

5 Topf vom Herd nehmen, Eier und Petersilie untermischen. Mit Salz und Pfeffer würzen und gut durchmischen, dann abkühlen lassen. Backofen auf 180 °C/Gas Stufe 4 vorheizen.

6 Rindfleischmischung in den Händen zu kleinen Bällchen formen. In eine feuerfeste Form legen, 25 Minuten im Backofen backen. Währenddessen die Tomatensauce erhitzen. Kurz vor dem Servieren gehackten Dill einrühren. Tomatensauce über die Fleischbällchen gießen und servieren. Kartoffelpüree und Salat passen als Beilagen.

NÄHRWERTHINWEIS

Pro Portion:	**2 BE**
Energie	272 kcal/1154 kJ
Fett, insgesamt	9,3 g
gesättigtes Fett	2,9 g
mehrfach ungesättigtes Fett	0,8 g
einfach ungesättigtes Fett	4,2 g
Kohlenhydrate	22,6 g
Zucker, insgesamt	9 g
Stärke	11,5 g
Ballaststoffe	4,5 g
Natrium	155 mg

Gemüse und vegetarische Gerichte

Die wachsende Beliebtheit vegetarischer Kost kommt dem Diabetiker zugute. Gerichte wie Rotkohl-Apfel-Topf oder überbackenes Gemüse mit Artischocken können als Hauptgericht oder in kleineren Portionen als Beilage zu Fleisch- oder Fischgerichten gereicht werden. Dagegen kann man Risotto mit rotem Paprika und den Tortenboden mit Pilzfüllung und Sonnenblumenkernen wunderbar mit Salat oder anderem Gemüse servieren.

Rotkohl-Apfel-Topf

Die kräftige Farbe und das herzhafte Aroma eignen sich ausgezeichnet als Wintergericht. Man kann es mit reichlich Roggenbrot oder als Gemüsebeilage servieren.

Zutaten

Für 6 Personen

3 Zwiebeln, gehackt
2 Fenchel, grob gehackt
675 g Rotkohl, kleingeschnitten
2 EL Kümmel
3 große säuerliche Äpfel oder 1 großer Kochapfel
6 Streifen Schinkenspeck (wahlweise)
300 ml fettarmer Naturjoghurt
1 EL Sahnemeerrettich
Meersalz und gemahlener schwarzer Pfeffer

1 Backofen auf 150 °C (Gas Stufe 2) vorheizen. Zwiebeln, Fenchel, Rotkohl und Kümmel in einer Schüssel mischen. Äpfel schälen und kleinschneiden, Schinkenspeck kleinschneiden und beides in die Rotkohlmischung rühren. In eine Kasserolle geben. Den Joghurt mit Meerrettich mischen.

2 Joghurt- und Meerrettichmischung in die Rotkohlmischung rühren, salzen und pfeffern und einen dichten Deckel auflegen. 1 1/2 Stunden im Backofen backen, dabei ein- bis zweimal umrühren. Heiß servieren.

Nährwerthinweis

Pro Portion:	1 BE
Energie	158 kcal/660 kJ
Fett, insgesamt	9,7 g
gesättigtes Fett	3,4 g
mehrfach ungesättigtes Fett	1,4 g
einfach ungesättigtes Fett	4,05 g
Kohlenhydrate	12,8 g
Zucker, insgesamt	11,6 g
Stärke	0,2 g
Ballaststoffe	4 g
Natrium	378 mg

Gemischtes Gemüse mit Artischocken

Diese ofengebackene Gemüsevariation ist ein wunderbar einfaches und gesundes Wochentagsgericht.

Zutaten

Für 4 Personen

2 EL Olivenöl
675 g tiefgefrorene dicke Bohnen
4 Steckrüben, geschält und in Scheiben geschnitten
4 Stangen Lauch, in Scheiben geschnitten
1 rote Paprika, Samen entfernt und in Ringe geschnitten
200 g frischer Blattspinat oder 115 g Tiefkühlspinat
2 x 400 g Artischockenherzen aus der Dose, abgetropft
4 EL Kürbiskerne
Sojasauce
Meersalz, gemahlener schwarzer Pfeffer
Reis, gebackene Kartoffeln oder Vollkornbrot zum Servieren

1 Backofen auf 180 °C (Gas Stufe 4) vorheizen. Öl in eine Kasserolle gießen. Dicke Bohnen in einem Topf mit leicht gesalzenem Wasser etwa 10 Minuten kochen. Bohnen abtropfen lassen und mit Steckrübe, Lauch, Paprika, Spinat und Artischockenherzen in die Kasserolle geben.

2 Deckel auf die Kasserolle legen und 30–40 Minuten im Ofen backen, bis die Steckrüben weich sind.

3 Kürbiskerne einrühren und mit Sojasauce abschmecken. Mit gemahlenem schwarzem Pfeffer würzen. Allein oder mit Reis, der mit frischen gehackten Kräutern bestreut wird, gebackenen Kartoffeln oder mit Brot servieren.

Nährwerthinweis

Pro Portion:	3 BE
Energie	335 kcal/1410 kJ
Fett, insgesamt	13,4 g
gesättigtes Fett	2,2 g
mehrfach ungesättigtes Fett	3,3 g
einfach ungesättigtes Fett	6,5 g
Kohlenhydrate	34,95 g
Zucker, insgesamt	11,4 g
Stärke	19,4 g
Ballaststoffe	16,3 g
Natrium	151,5 mg

Linsenpüree mit Spiegelei

Dieses Gericht ist ein ausgezeichnetes vegetarisches Abendessen. Wenn Sie es vorziehen, backen Sie das Püree und die Eier in einer großen Auflaufform.

Zutaten

Für 6 Personen

450 g rote Linsen
3 Stangen Lauch, in dünnen Scheiben
2 TL Koriandersamen, fein zerstoßen
1 EL gehackter frischer Koriander
2 EL gehackte frische Minze
1 EL Rotweinessig
1 Liter Gemüsefond
4 Eier
Meersalz, gemahlener schwarzer Pfeffer
gute Handvoll frische gehackte Petersilie zum Garnieren

1 Linsen in einen tiefen Topf geben. Lauch, Koriandersamen, frischen Koriander, Minze, Essig und Fond zugeben. Aufkochen, dann herunterschalten und 30–40 Minuten, oder bis die Linsen gar sind und die gesamte Flüssigkeit aufgesogen haben, köcheln lassen.

2 Backofen auf 180 °C (Gas Stufe 4) vorheizen. Linsen mit Salz und Pfeffer würzen; gut mischen. In vier gefettete feuerfeste Auflaufformen verteilen.

3 Mit der Löffelunterseite eine Mulde in die Linsenmischung drücken. In jede Mulde ein Ei schlagen. Die Form mit Folie abdecken und 15–20 Minuten, oder bis die Eier gestockt sind, backen. Reichlich gehackte Petersilie darüberstreuen und sofort servieren.

Nährwerthinweis

Pro Portion:	5 BE
Energie	470 kcal/1985 kJ
Fett, insgesamt	9,1 g
gesättigtes Fett	2,2 g
mehrfach ungesättigtes Fett	1,5 g
einfach ungesättigtes Fett	3,38 g
Kohlenhydrate	65,8 g
Zucker, insgesamt	4,2 g
Stärke	57,5 g
Ballaststoffe	6,95 g
Natrium	423,75 mg

Abwandlung

400 g ungesüßtes Maronenpüree aus der Dose in einer Schüssel schlagen, bis es weich ist. Das Püree in die Linsenmischung rühren, gegebenenfalls etwas Fond zugeben. Weiter wie im Rezept verfahren.

Tortenboden mit Pilz-/Sonnenblumenkernfüllung

Pilze, Maiskölbchen und Spinat bilden eine leckere Füllung, besonders mit Sonnenblumenkernen.

Zutaten

Für 6 Personen
175 g Vollkornmehl
6 EL fettarme Margarine
3 EL Olivenöl
175 g Maiskölbchen, in 2–3 Stücken
2 EL Sonnenblumenkerne
2 Tassen Champignons
75 g frischer Blattspinat, gehackt
Saft von 1 Zitrone
Meersalz, gemahlener schwarzer Pfeffer
Tomatensalat zum Servieren

1 Backofen auf 180 °C (Gas Stufe 4) vorheizen. Mehl durch ein Sieb in eine Schüssel streichen, Kleie aus dem Sieb dazugeben. Margarine unter die Mischung kneten, bis sie krümelig wird. Einen festen Teig zubereiten.

2 Teig auf einer bemehlten Arbeitsfläche ausrollen; eine Tortenbodenform von 23 cm Durchmesser damit auslegen. Boden mit der Gabel mehrfach einstechen, Boden und Rand mit Pergamentpapier auslegen, getrocknete Erbsen einfüllen. 15 Minuten blind backen, dann Papier und Erbsen entfernen. Form in den Backofen schieben und weitere 10 Minuten backen, bis der Teig knusprig goldbraun ist.

3 Zwischenzeitlich Öl in einer Pfanne mit schwerem Boden erhitzen. Mais mit Sonnenblumenkernen 5–8 Minuten darin braten, bis alles gebräunt ist.

4 Champignons zugeben, Hitze herunterschalten und 2–3 Minuten garen, dann Spinat einrühren. Deckel auflegen und 2–3 Minuten garen.

5 Füllung mit Zitronensaft, Salz und Pfeffer abschmecken. Löffelweise auf den Tortenboden geben. Warm oder kalt mit Tomatensalat servieren.

Nährwerthinweis

Pro Portion:	2 BE
Energie	250 kcal/1045 kJ
Fett, insgesamt	16 g
gesättigtes Fett	2,8 g
mehrfach ungesättigtes Fett	3,85 g
einfach ungesättigtes Fett	8,25 g
Kohlenhydrate	20,6 g
Zucker, insgesamt	1,45 g
Stärke	19,1 g
Ballaststoffe	4,05 g
Natrium	434,5 mg

Tip

Kleine Pilze ganz lassen, halbieren oder vierteln.

Vollkornnudeln mit Kümmelkohl

Knackiger Weiß- und Rosenkohl sind die perfekten Partner für die Nudeln in diesem gesunden Gericht.

Zutaten

Für 6 Personen
6 EL Oliven- oder Sonnenblumenöl
3 Zwiebeln, grob gehackt
350 g Weißkohl, grob gehackt
350 g Rosenkohl, geputzt und halbiert
2 TL Kümmel
1 EL frischer Dill, gehackt
400 ml Gemüsefond
200 g frische oder getrocknete Vollkornnudelspiralen
Meersalz, gemahlener schwarzer Pfeffer
Dillzweige zum Garnieren

1 Öl in einem großen Topf erhitzen und die Zwiebeln bei niedriger Hitze 10 Minuten braten, bis sie weich sind.

2 Beide Kohlsorten dazugeben und 2–3 Minuten dünsten, dann Kümmel und Dill einrühren. Den Fond angießen und mit Salz und Pfeffer abschmecken. Abgedeckt 5–10 Minuten köcheln lassen, bis der Kohl zart ist.

Tip

Wenn kleiner Rosenkohl erhältlich ist, kann er auch ganz verwendet werden.

3 Zwischenzeitlich die Nudeln in leicht gesalzenem kochendem Wasser kochen, bis sie »al dente« sind.

4 Nudeln abtropfen lassen und mit der Kohlmischung in eine Schüssel geben. Leicht vermischen, dann würzen und servieren.

Nährwerthinweis

Pro Portion:	**2,5 BE**
Energie	227 kcal/953 kJ
Fett, insgesamt	9,6 g
gesättigtes Fett	1,4 g
mehrfach ungesättigtes Fett	1,5 g
einfach ungesättigtes Fett	5,75 g
Kohlenhydrate	30 g
Zucker, insgesamt	7,65 g
Stärke	21,6 g
Ballaststoffe	6,9 g
Natrium	53,5 mg

Blumenkohl und Brokkoli mit Tomatensauce

Eine fettarme Alternative zum altbekannten Blumenkohl mit Käsesauce. Der Brokkoli verleiht dabei den farblichen Pfiff.

Zutaten

Für 6 Personen
1 Zwiebel, fein gehackt
400 g gehackte Dosentomaten
3 EL Tomatenpüree
3 EL Vollkornmehl
300 ml entrahmte Milch
300 ml Wasser
1 kg gemischte Blumenkohl- und Brokkoliröschen
Meersalz, gemahlener schwarzer Pfeffer

1 Zwiebeln, Tomaten und Tomatenpüree in einem kleinen Topf mischen. Aufkochen, Hitze herunterschalten und 15–20 Minuten köcheln lassen.

2 Mehl mit etwas Milch zu einem Brei vermengen und in die Tomatenmischung einrühren. Nach und nach restliche Milch und Wasser zugeben. Ständig rühren, bis die Mischung kocht und dick wird. Mit Salz und Pfeffer abschmecken. Die Sauce heiß halten.

3 Blumenkohl (oder Mischung aus Blumenkohl und Brokkoli) über kochendem Wasser 5–7 Minuten dämpfen oder bis die Röschen zart sind. In eine Schüssel geben, mit Tomatensauce übergießen und nach Belieben mit zusätzlichem Pfeffer bestreuen.

Nährwerthinweis

Pro Portion:	**1 BE**
Energie	116 kcal/491 kJ
Fett, insgesamt	1,85 g
gesättigtes Fett	0,4 g
mehrfach ungesättigtes Fett	0,9 g
einfach ungesättigtes Fett	0,2 g
Kohlenhydrate	16,1 g
Zucker, insgesamt	10,3 g
Stärke	5,4 g
Ballaststoffe	4,5 g
Natrium	86,8 mg

Paprika-Risotto

Dieser köstliche Risotto ist mit der verwendeten Reisart variabel. Mit Arborioreis erhält man einen feuchten, cremigen Risotto. Bei braunem Reis mit weniger Flüssigkeit wird er trockener, mit einem nussigen Aroma.

ZUTATEN

Für 6 Personen

3 große rote Paprika
2 EL Olivenöl
3 große Knoblauchzehen, in dünne Scheiben geschnitten
600 g gehackte Dosentomaten
2 Lorbeerblätter
1,2–1,5 Liter Gemüsefond
450 g Arborioreis (ital. Risottoreis) oder brauner Reis
6 frische Basilikumblätter, zerkleinert
Meersalz, gemahlener schwarzer Pfeffer

1 Grill vorheizen. Paprika in eine Grillpfanne geben und so lange grillen, bis die Haut schwarz und rissig ist. Paprika in eine Schüssel geben, mit mehreren Lagen feuchtem Küchenpapier abdecken und 10 Minuten stehen lassen. Die Haut abziehen, dann Paprika in Streifen schneiden, Strunk und Samenkörner entfernen.

2 Öl in einer großen flachen Pfanne erhitzen. Knoblauch und Tomaten dazugeben und bei niedriger Hitze 5 Minuten kochen, dann Paprika und Lorbeer dazugeben. Gut durchmischen und weitere 15 Minuten dünsten.

3 Fond in einen Topf gießen und erhitzen, bis er köchelt. Reis in die Gemüsemischung einrühren und 2 Minuten kochen, 2 oder 3 Schöpfkellen des heißen Fonds zugeben. Kochen, dabei gelegentlich umrühren, bis der Fond aufgesogen ist.

4 Weiter in dieser Weise Fond angießen, aber erst wenn die vorherige Portion aufgesogen ist. Wenn der Reis zart ist, salzen und pfeffern. Pfanne vom Herd nehmen, abdecken und 10 Minuten ruhen lassen, bevor das Basilikum eingerührt und das Gericht serviert wird.

NÄHRWERTHINWEIS

Pro Portion:	**6 BE**
Energie	387 kcal/1635 kJ
Fett, insgesamt	10,75 g
gesättigtes Fett	1,73 g
mehrfach ungesättigtes Fett	1,3 g
einfach ungesättigtes Fett	6,3 g
Kohlenhydrate	69,2 g
Zucker, insgesamt	7,85 g
Stärke	60,85 g
Ballaststoffe	3,2 g
Natrium	645 mg

Gemüse mit Cashew-Nüssen

Kurzes Braten unter Rühren ist die perfekte Methode, ein köstliches, farbenfrohes Gericht in Windeseile zuzubereiten.

Zutaten

Für 4 Personen

900 g gemischtes Gemüse (siehe Tip)
2–4 EL Sonnenblumen- oder Olivenöl
2 Knoblauchzehen, gepreßt
1 EL geraspelte frische Ingwerwurzel
50 g Cashew-Nüsse oder 4 EL Sonnenblumenkerne, Kürbiskerne oder Sesamkörner
Sojasauce
Meersalz, gemahlener schwarzer Pfeffer

1 Gemüse je nach Art vorbereiten. Möhren und Gurke sollten in feine Stifte geschnitten werden.

2 Pfanne erhitzen, Öl am Rand einträufeln, so daß es nach innen läuft. Wenn es heiß ist, Knoblauch und Ingwer dazugeben und 2–3 Minuten unter Rühren dünsten. Härteres Gemüse zugeben und 5 Minuten bei gleicher Hitze ständig durchrühren, bis es weich wird.

3 Weicheres Gemüse dazugeben und bei hoher Hitze 3–4 Minuten unter Rühren braten.

Tip

Eine Gemüsemischung zum Kurzbraten ist gut geeignet, oder mischen Sie selbst. Wählen Sie unter Möhren, Zuckerschoten, Maiskölbchen, Gurke, Mungobohnensprossen, Pilzen, Paprika und Frühlingszwiebeln. Abgetropfte Bambussprossen und Wasserkastanien sind eine köstliche Zugabe.

4 Die Cashew-Nüsse oder Sonnenblumenkerne einrühren. Mit Sojasauce würzen und mit Salz und Pfeffer abschmecken. Sofort servieren.

Nährwerthinweis

Pro Portion:	**1 BE**
Energie	288 kcal/796 kJ
Fett, insgesamt	21,3 g
gesättigtes Fett	2,4 g
mehrfach ungesättigtes Fett	8,3 g
einfach ungesättigtes Fett	9,3 g
Kohlenhydrate	15,76 g
Zucker, insgesamt	9 g
Stärke	5,2 g
Ballaststoffe	5 g
Natrium	170 mg

Desserts

Desserts galten für Diabetiker bislang als tabu, aber neuere Erkenntnisse der Ernährungswissenschaftler sowie der Einsatz von Früchten erlauben den Diabetikern mittlerweile eine wunderbare Vielfalt an Nachspeisen. Probieren Sie einen Obstkuchen mit einer köstlichen Joghurtsauce, Haferflockenschnitten mit Erdbeerfüllung oder Orangen-Käsekuchen. In den folgenden Rezepten wird mit Früchten statt mit Zuckeralternativen gesüßt, so daß der Zucker leichter absorbiert werden kann. Trotzdem gilt: Die meisten Nachspeisen sollten nur ein gelegentlicher Leckerbissen für Diabetiker sein.

Gebackener Obstkuchen

Mit einem Belag aus saftigem gebackenem Obst und einer Schicht köstlich sahnigem Joghurt mit Mandeln.

ZUTATEN

Für 6 Personen
115 g Vollkornmehl
50 g Kichererbsenmehl
50 g fettarme Margarine
3 EL Wasser

Für die Füllung und obere Schicht
1 EL flüssiges Birnen- und Apfelkonzentrat
1 großer Kochapfel
2 große Orangen
3 Kiwi
300 ml Sahnejoghurt
1 EL geröstete Mandelblätter

1 Backofen auf 180 °C/Gas Stufe 4 vorheizen. Vollkorn- und Kichererbsenmehl in einer großen Schüssel mischen und die Margarine mit den Fingerspitzen unterkneten, bis sie grob krümelig ist. Soviel Wasser dazugeben, daß ein weicher Teig entsteht.

TIP

Die Mandeln zum Rösten in einer Grillpfanne oder beschichteten Pfanne auslegen und unter mittlerer Hitze im Backofen oder auf dem Herd goldbraun rösten. Pfanne gelegentlich schütteln. Das Ganze dauert nur einige Minuten, passen Sie daher auf, daß die Mandeln nicht verkohlen.

2 Teig auf einer bemehlten Arbeitsfläche ausrollen und eine Tortenbodenform (Ø 20 cm) damit auslegen.

3 Teigboden mit einer Gabel mehrfach einstechen, mit Pergamentpapier belegen und eine Schicht Backerbsen einfüllen. Teig 15 Minuten blind backen, Erbsen und Papier entfernen. Weitere 10 Minuten backen. Form herausnehmen, Backofen nicht abschalten.

4 Birnen- und Apfelkonzentrat auf dem Tortenboden vorsichtig verteilen. Apfel, Orangen und Kiwi schälen und in Schnitze teilen.

5 Schnitze auf dem Tortenboden verteilen, mit Pergamentpapier abdecken; 20 Min. backen. Abkühlen lassen.

6 Joghurt gleichmäßig auf dem Obst verteilen und die Mandelblätter darüberstreuen. Dieser Tortenboden kann warm oder bei Zimmertemperatur serviert werden.

NÄHRWERTHINWEIS

Pro Portion:	3 BE
Energie	254 kcal/1070 kJ
Fett, insgesamt	10,5 g
gesättigtes Fett	3,8 g
mehrfach ungesättigtes Fett	1,9 g
einfach ungesättigtes Fett	3,8 g
Kohlenhydrate	31,9 g
Zucker, insgesamt	12,4 g
Stärke	19,3 g
Ballaststoffe	5 g
Natrium	98 mg

Heißes Obstkompott

Hier ist der Zuckergehalt recht hoch, deshalb sollte das Kompott in kleinen Mengen mit Naturjoghurtklecksen serviert werden.

ZUTATEN

Für 8 Personen

450 g gemischtes Trockenobst wie Aprikosen, Äpfel, Pflaumen, Rosinen, Sultaninen, Feigen und Birnen
2 Tassen Wasser
fein abgeriebene Schale einer kleinen Zitrone oder 2 EL Zitronensaft
1 Zimtstange
fettarmer Naturjoghurt zum Servieren

1 Falls das Obst nicht eßfertig, über Nacht in Wasser einweichen, dann abtropfen lassen; Flüssigkeit aufheben.

2 Die Flüssigkeit auf 2 Tassen mit Wasser auffüllen. Zitronenschale oder -saft und die Zimtstange zugeben.

3 Aufkochen, Hitze herunterschalten und Früchte zugeben, 15 Minuten köcheln lassen, bis das Obst weich ist. Abtropfen lassen; in eine Schüssel geben. Den Sirup wieder in einen Topf geben. 20 Minuten köcheln lassen, bis er eingedickt ist. Über das Obst gießen und warm oder kalt mit Joghurt servieren.

NÄHRWERTHINWEIS

Pro Portion:	**2 BE**
Energie	118 kcal/506 kJ
Fett, insgesamt	0,35 g
gesättigtes Fett	–
mehrfach ungesättigtes Fett	0,05 g
einfach ungesättigtes Fett	–
Kohlenhydrate	28,9 g
Zucker, insgesamt	28,9 g
Stärke	–
Ballaststoffe	4,6 g
Natrium	15,1 mg

Italienischer Obstsalat mit Eis

Besucht man Italien im Sommer, findet man kleine Obststände auf der Straße, die köstliche eingeweichte Früchte verkaufen.

Zutaten

Für 6 Personen

900 g gemischte weiche Früchte wie Erdbeeren, Himbeeren, rote Brombeeren, rote Johannisbeeren, Blaubeeren, Birnen, Aprikosen, Pflaumen und Melonen
Saft von 3–4 Orangen
Saft von 1 Zitrone
1 EL flüssiges Birnen- und Apfelkonzentrat
60 ml geschlagene Sahne
2 EL Orangenlikör (nach Wunsch)
Minzezweige zum Dekorieren

1 Die Früchte je nach Art vorbereiten. In angemessen kleine Würfel schneiden, aber nicht so klein, daß die Mischung zu einem Mus wird.

2 Obst in eine Schüssel geben; Orangensaft darübergießen. Zitronensaft zugeben und vorsichtig umrühren. Abdecken und 2 Stunden kühl stellen.

3 Die Hälfte der eingeweichten Früchte beiseite stellen. Übriges Obst im Mixer oder Küchenmaschine pürieren.

Tip

Ein köstliches Getränk: Pürieren Sie das Obst und drücken Sie es dann durch ein Sieb.

Nährwerthinweis

Pro Portion:	1 BE
Energie	105 kcal/332 kJ
Fett, insgesamt	4,1 g
gesättigtes Fett	2,5 g
mehrfach ungesättigtes Fett	0,15 g
einfach ungesättigtes Fett	1,15 g
Kohlenhydrate	13,5 g
Zucker, insgesamt	13,5 g
Stärke	–
Ballaststoffe	2,95 g
Natrium	12,85 mg

4 Birnen- und Apfelkonzentrat leicht erwärmen und in das Früchtepüree einrühren. Sahne schlagen und unterheben, evtl. Likör zugeben.

5 Mischung in einer Eismaschine zubereiten oder in einen tiefkühlgeeigneten Behälter geben. Einfrieren, bis sich Eiskristalle am Rand bilden, dann Mischung glatt schlagen. Diesen Vorgang zweimal wiederholen, dann gefrieren lassen. Etwas antauen, dann mit Minze dekoriert und mit den eingeweichten Früchten servieren.

Reispudding mit Moosbeeren

ZUTATEN

Für 4 Personen
300 ml Reismilch
1 Vanillestange
50 g Kurzkornreis
40 g Moosbeeren

NÄHRWERTHINWEIS

Pro Portion:	1 BE
Energie	71 kcal/297 kJ
Fett, insgesamt	1,6 g
gesättigtes Fett	0,3 g
mehrfach ungesättigtes Fett	0,8 g
einfach ungesättigtes Fett	0,4 g
Kohlenhydrate	12 g
Zucker, insgesamt	1 g
Stärke	11 g
Ballaststoffe	0,4 g
Natrium	25 mg

1 Backofen auf 150 °C/Gas Stufe 2 vorheizen. Reismilch in einen kleinen Topf gießen und die Vanillestange zugeben. Milch bis kurz vor den Siedepunkt bringen, Topf vom Herd nehmen. Milch und Vanillestange 10 Minuten ziehen lassen.

2 Reis und Moosbeeren in eine feuerfeste Auflaufform geben. Vanillestange aus der Milch nehmen, Milch in die Auflaufform gießen und unter vorsichtigem Rühren leicht vermischen. 2 1/2–3 Stunden backen, gelegentlich umrühren. Pudding warm oder kalt servieren.

Bananen-Ananas-Eis

ZUTATEN

Für 4 Personen
1 Banane
150 g frische Ananas
150 ml fettarmer Naturjoghurt
150 ml leicht geschlagene Sahne
Minzezweig zum Garnieren

NÄHRWERTHINWEIS

Pro Portion:	1 BE
Energie	200 kcal/832 kJ
Fett, insgesamt	15,2 g
gesättigtes Fett	9,5 g
mehrfach ungesättigtes Fett	0,5 g
einfach ungesättigtes Fett	4,5 g
Kohlenhydrate	13,5 g
Zucker, insgesamt	13 g
Stärke	0,6 g
Ballaststoffe	0,7 g
Natrium	47 mg

1 Früchte im Mixer oder in einer Küchenmaschine pürieren. Püree in eine große Schüssel geben, Naturjoghurt einrühren, Sahne unterheben.

ABWANDLUNG

Statt frischer können Sie auch abgetropfte Dosenananas im eigenen Saft nehmen oder statt dessen frische Mango verwenden.

2 Mischung in einer Eismaschine verarbeiten. Alternativ in einen tiefkühlgeeigneten Behälter geben. Einfrieren, bis sich Eiskristalle am Rand bilden, dann Mischung glatt schlagen und wieder in den Gefrierschrank stellen.

3 Vorgang ein- bis zweimal wiederholen, dann einfrieren. Herausnehmen und etwas antauen lassen, bevor es mit Minze dekoriert serviert wird.

Apfel-Bananen-Crumble

Ein beliebtes Dessert mit natürlicher Süße. Bananen eignen sich hervorragend in einem Crumble, den man mit fettarmem Joghurt servieren kann.

ZUTATEN

Für 6 Personen

2 große Kochäpfel
2 große Bananen
4 EL Wasser
50 g fettarme Margarine
2–3 EL Birnen- und Apfelmus
25 g Vollkornmehl
115 g Haferflocken
2 EL Sonnenblumenkerne
fettarmer Joghurt zum Servieren (nach Wunsch)

1 Backofen auf 180 °C/Gas Stufe 4 vorheizen. Äpfel vierteln, Kerngehäuse entfernen, dann kleinschneiden, nicht schälen. Bananen schälen, in Scheiben schneiden. Äpfel und Bananen mit Wasser in einem Topf mischen und kochen, bis sie breiig sind.

2 Margarine mit Birnen-Apfelmus in einem anderen Topf schmelzen. Mehl, Haferflocken und Sonnenblumenkerne einrühren, gut durchmischen.

3 Apfel-Bananen-Mischung in eine feuerfeste Auflaufform (Ø 18 cm) geben und Haferflockenkrümel darüber verteilen. 20 Minuten backen, bis die obere Schicht goldbraun ist. Warm oder bei Zimmertemperatur, evtl. mit fettarmem Joghurt servieren.

NÄHRWERTHINWEIS

Pro Portion:	**2 BE**
Energie	181 kcal/806 kJ
Fett, insgesamt	7,36 g
gesättigtes Fett	1,5 g
mehrfach ungesättigtes Fett	2,9 g
einfach ungesättigtes Fett	2,5 g
Kohlenhydrate	28,5 g
Zucker, insgesamt	12 g
Stärke	16,3 g
Ballaststoffe	3,2 g
Natrium	58 mg

Mousse au Chocolat mit Orange

Ein wahrhaft himmlisches Dessert, für Diabetiker ist es aber nur gelegentlich erlaubt. Wählen Sie als Hauptgang zuvor viele Ballaststoffe.

ZUTATEN

Für 8 Personen

175 g Bitterschokolade, in Stücken
geriebene Schale und Saft von 1 1/2 großen Orangen und zusätzliche Schalenstreifen zur Dekoration
1 TL Pulvergelatine
4 mittelgroße Eier, getrennt
90 ml ungesüßte Sojasahne
4 EL Brandy
gehackte Pistazien zum Dekorieren

1 Schokolade in einer hitzebeständigen Schüssel im heißen Wasserbad schmelzen. 2 EL Orangensaft in eine Schüssel geben und die Gelatine hineinstreuen. Wenn sie schwammig wird, Schüssel ins heiße Wasserbad setzen. Rühren, bis die Gelatine aufgelöst ist.

2 Schokolade abkühlen lassen, dann Orangenschale, Eigelb, Sojasahne und Brandy kräftig unterrühren. Die Gelatinemischung und restlichen Orangensaft einrühren. Beiseite stellen.

3 Eiweiß in einer fettfreien Schüssel schlagen, bis es weiche Spitzen bildet, dann leicht unter die Schokoladen-Orangen-Mischung heben.

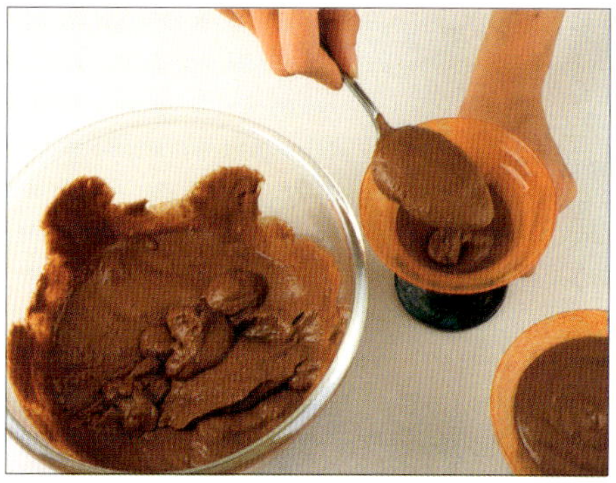

4 Mischung in sechs Dessertgläser oder in eine große Glasschale füllen. Abdecken und kühlen, bis sich die Mousse setzt. Vor dem Servieren mit gehackten Pistazien und Orangenschalenstreifen dekorieren.

NÄHRWERTHINWEIS

Pro Portion:	**1 BE**
Energie	230 kcal/966 kJ
Fett, insgesamt	12,4 g
gesättigtes Fett	4,6 g
mehrfach ungesättigtes Fett	0,6 g
einfach ungesättigtes Fett	3,4 g
Kohlenhydrate	17,3 g
Zucker, insgesamt	17 g
Stärke	0,2 g
Ballaststoffe	0,55 g
Natrium	113 mg

Gedämpfter Orangen-Zitronen-Pudding

Dieser traditionelle Pudding schmeckt so wunderbar, daß man die Dämpfzeit gerne in Kauf nimmt.

Zutaten

Für 8 Personen
115 g Rosinen
4 EL Brandy
115 g getrocknete, entsteinte Datteln
115 g fettarme Margarine
2 Orangen
2 Zitronen
225 g Vollkornfertigmehl (mit Backpulverzusatz)
1 TL Backpulver
3 mittelgroße Eier
1 Birne, etwa 115 g, geschält und püriert
250 ml fettarmer Frischkäse

1 Rosinen im Brandy einweichen. Zwischenzeitlich Datteln in eine andere Schüssel geben und kochendes Wasser zugeben, um sie zu bedecken. 10 Minuten einweichen. Datteln abtropfen lassen, fein hacken, in eine Schüssel geben. Die Margarine zugeben, Orangen- und Zitronenschale abreiben und in die Schüssel geben. Gut durchheben.

2 Mehl und Backpulver sieben. Nach und nach Eier und Birnenpüree in die cremige Mischung rühren, etwas Mehl zugeben, wenn die Mischung zu gerinnen beginnt.

3 Restliche Mehlmischung unterheben, Rosinen mit Brandy unterrühren. Mischung in eine ausgefettete Puddingform (900 ml) geben. Sie sollte zu zwei Dritteln gefüllt sein.

4 Puddingform mit einer gefalteten doppelten Schicht fettbeständigem Papier abdecken, das mit einer Schnur festgezurrt wird.

5 Puddingform auf eine umgestülpte Untertasse in einen großem Topf stellen. Genug kochendes Wasser bis zur halben Formhöhe angießen. Den Topf gut abdecken.

6 Pudding in leicht köchelndem Wasser 1 1/2–2 Stunden dämpfen, von Zeit zu Zeit Wasser nachfüllen. Saft einer Orange und beider Zitronen auspressen. Frischkäse in eine Schüssel geben und den Zitrussaft allmählich einarbeiten. Pudding auf eine vorgewärmte Servierplatte stürzen und mit der Zitrussauce servieren.

Nährwerthinweis

Pro Portion:	4 BE
Energie	303 kcal/1280 kJ
Fett, insgesamt	8,8 g
gesättigtes Fett	2,4 g
mehrfach ungesättigtes Fett	1,85 g
einfach ungesättigtes Fett	3,65 g
Kohlenhydrate	45 g
Zucker, insgesamt	23,9 g
Stärke	21,15 g
Ballaststoffe	2,4 g
Natrium	323 mg

Pfirsich-Himbeer-Joghurtcreme

Fett-, zuckerarmer Natur- oder Früchtejoghurt bildet eine ausgezeichnete Grundlage für diese köstliche Nachspeise.

ZUTATEN

Für 4 Personen
2 Pfirsiche
225 g Himbeeren
600 ml fettarmer Naturjoghurt oder zuckerarmer Früchtejoghurt
4 TL Haferflocken
4 TL Mandelblätter

1 Pfirsiche halbieren, Kerne entfernen und Fruchtfleisch in dünne Schnitze schneiden.

2 Pfirsiche und Himbeeren mit Joghurt in einer Schüssel vermischen, in Dessertgläser füllen und kühl stellen.

3 Haferflocken und Mandeln in einer beschichteten Pfanne auslegen und leicht rösten, dabei die Pfanne häufig schütteln. Abkühlen lassen, dann über die Nachspeise streuen und servieren.

ABWANDLUNG

Für das Dessert eignen sich Erdbeeren, Aprikosen, Kiwi, Birnen, Bananen oder Ananas. Kaufen Sie einen passenden Früchtejoghurt oder eine ergänzende Sorte.

NÄHRWERTHINWEIS

Pro Portion:	2 BE
Energie	165 kcal/699 kJ
Fett, insgesamt	4,65 g
gesättigtes Fett	1,1 g
mehrfach ungesättigtes Fett	0,95 g
einfach ungesättigtes Fett	2,25 g
Kohlenhydrate	21,65 g
Zucker, insgesamt	18,3 g
Stärke	3,4 g
Ballaststoffe	2,95 g
Natrium	128 mg

Erdbeer-Haferflocken-Streusel

Die Erdbeeren sind eine leckere Füllung zwischen den Haferflokkenschichten.

ZUTATEN

Für 6 Personen
150 g Haferflocken
50 g Vollkornmehl
75 g fettarme Margarine
2 EL flüssiges Birnen- und Apfelkonzentrat
500 g Erdbeeren
10 ml Stärke
fettarmer Joghurt oder ungesüßte Sojasahne zum Servieren

ABWANDLUNG

Nehmen Sie Trockenaprikosen statt Erdbeeren (die Hälfte hacken, den Rest zu einem Püree mit etwas Apfelsaft kochen).

1 Backofen auf 180 °C/Gas Stufe 4 vorheizen. Haferflocken und Mehl in einer Schüssel mischen. Margarine mit dem Konzentrat in einem Topf schmelzen, dann in die Schüssel rühren.

2 Hälfte der Erdbeeren pürieren. Rest kleinschneiden. Stärke mit etwas Püree in einem Topf mischen; restliches Püree zugeben. Leicht erhitzen, bis es eindickt, dann Erdbeerstücke einrühren.

3 Die Hälfte der Streuselmischung auf dem Boden einer runden, flachen, feuerfesten Auflaufform (Ø 18 cm) in einer mindestens 1 cm dicken Schicht verteilen. Erdbeermischung daraufgeben, dann die restliche Streuselmischung, dabei leicht andrücken. 30 Minuten backen. Warm oder kalt, evtl. mit Joghurt oder Sojasahne servieren.

NÄHRWERTHINWEIS

Pro Portion:	3 BE
Energie	208 kcal/874 kJ
Fett, insgesamt	7,65 g
gesättigtes Fett	1,85 g
mehrfach ungesättigtes Fett	2,25 g
einfach ungesättigtes Fett	3,05 g
Kohlenhydrate	31,35 g
Zucker, insgesamt	8,4 g
Stärke	22,95 g
Ballaststoffe	3,45 g
Natrium	89,35 mg

Pflaumen-, Apfel- und Bananendessert

Nun eine der einfachen Süßspeisen, die jeder mag. Sie ist warm und kalt eine Köstlichkeit und kann nach Wunsch mit fettarmem Naturjoghurt serviert werden.

Zutaten

Für 4 Personen

450 g Pflaumen
1 säuerlicher Kochapfel, etwa 115 g
1 große Banane
150 ml Wasser
115 g Vollkornmehl, oder halb Vollkornmehl und halb einfaches Mehl
10 ml Backpulver
3 EL Rosinen
ca. 60 ml Dickmilch
fettarmer Naturjoghurt zum Servieren

1 Backofen 180 °C/Gas Stufe 4. Pflaumen halbieren, entkernen. Apfel schälen, Kerngehäuse entfernen, kleinschneiden. Bananenscheiben schneiden.

2 Früchte in einem Topf mischen. Wasser angießen, zum Köcheln bringen und 15 Minuten dünsten, bis die Früchte weich sind.

3 Mischung in eine feuerfeste Pastetenform geben, Oberfläche glätten.

4 Mehl, Backpulver und Rosinen in einer Schüssel vermischen. Dickmilch zugeben und zu einem sehr weichen Teig verarbeiten.

5 Den Teig auf einer leicht bemehlten Arbeitsfläche in 6 bis 8 Portionen teilen und zu flachen Plätzchen (Scones) formen.

6 Scones auf die Früchtemischung legen und 40 Minuten backen, bis die Scone-Oberfläche gar ist. Heiß mit Naturjoghurt servieren oder erkalten lassen.

Nährwerthinweis

Pro Portion:	4 BE
Energie	195 kcal/831 kJ
Fett, insgesamt	1 g
gesättigtes Fett	0,2 g
mehrfach ungesättigtes Fett	0,35 g
einfach ungesättigtes Fett	0,1 g
Kohlenhydrate	43,6 g
Zucker, insgesamt	24,2 g
Stärke	19,4 g
Ballaststoffe	5,2 g
Natrium	315,2 mg

Gebackener Orangen-Käsekuchen

Die Zubereitung dieses leckeren Käsekuchens könnte nicht einfacher sein. Es gibt keine Streuselschicht, und die Orangen-Käsefüllung wird mit einer herben Sauce abgestimmt.

ZUTATEN

Für 8 Personen

4 Orangen
250 ml fettarmer Frischkäse
50 g gemahlene Mandeln
50 g Kartoffelmehl
10 ml Mandelessenz
1/2 TL geriebene Muskatnuß
3 Eier, getrennt
115 g Sultaninen
5 ml Stärke

1 Backofen auf 180 °C/Gas Stufe 4 vorheizen. Die Schale einer Orange reiben und Saft auspressen. Schale und Saft in einer Küchenmaschine mit Frischkäse, Mandeln, Mehl, Mandelessenz und Muskat kurz mixen und in eine große Schüssel geben.

2 Eigelb und Sultaninen unterrühren. Eiweiß in einer sauberen fettfreien Schüssel schlagen, dann unter die cremige Mischung heben.

3 Eine Springform (Ø 20 cm) mit Backpapier auslegen. Papier leicht einfetten, Mischung einfüllen und 40 Minuten backen, bis der Käsekuchen schön aufgegangen ist.

4 Käsekuchen in der Form zum Abkühlen beiseite stellen, dann Formrand entfernen. Den Kuchen vorsichtig auf eine Servierplatte gleiten lassen.

5 Stärke in eine kleine Schüssel geben. Schale von 2 Orangen abreiben, dann den Saft aller übrigen Orangen auspressen. Stärke mit etwas Orangensaft verrühren, dann restlichen Saft und Schale einrühren.

6 Mischung in einem Topf unter ständigem Rühren leicht erhitzen, bis die Mischung eingedickt ist. Sauce auf Zimmertemperatur abkühlen lassen, dann mit dem Käsekuchen servieren.

NÄHRWERTHINWEIS

Pro Portion:	2 BE
Energie	181 kcal/765 kJ
Fett, insgesamt	6,3 g
gesättigtes Fett	1,15 g
mehrfach ungesättigtes Fett	1,2 g
einfach ungesättigtes Fett	3,3 g
Kohlenhydrate	24,6 g
Zucker, insgesamt	19,35 g
Stärke	5,35 g
Ballaststoffe	2,45 g
Natrium	51 mg

GALLO

Kuchen, Plätzchen und Konfekt

Feine Frühstücksplätzchen, Kuchen für den Nachmittagskaffee und sogar Süßes nach dem Abendessen stehen jetzt auch auf dem Diabetikerspeiseplan, aber sie müssen bei der täglichen Kohlenhydratberechnung berücksichtigt werden. Haferflocken- und Ingwerplätzchen eignen sich vorzüglich als Imbiß für Kinder und schmecken köstlich zum Kaffee. Mit Äpfeln, Gewürzen oder Schokolade und Pflaumen aromatisierte Kuchen kommen ohne Zucker aus ebenso wie die Früchte-Schokoladenkugeln und die Apfel-Dattel-Bällchen. (Hinweis: Bei Rezepten mit Nährwertangaben für den ganzen Kuchen ist ggf. auf die jeweils verwendete Menge umzurechnen.)

Passionskuchen

Eine geriebene Möhre hält diesen Kuchen wunderbar saftig und verstärkt die Süße der Frucht.

Zutaten

Für 1 Kuchen von 20 cm Durchmesser
115 g fettarme Margarine
3 Eier, geschlagen
115 g getrocknete, entsteinte Datteln (ggf. in kochendem Wasser einweichen)
1 große Möhre, ca. 150 g, fein gerieben
1 große Birne, ca. 175 g, geschält, Kerngehäuse entfernt und püriert
175 g Vollkornmehl
10 ml Backpulver
2 TL gemahlener Zimt
1 TL geriebene Muskatnuß
1/2 TL Piment
1/2 TL Salz
Orangenschalenstreifen zum Dekorieren

Für den Zuckerguß
2 EL Birnen- und Apfelmus
200 ml fettarmer Frischkäse
geriebene Schale von 1 Orange

1 Backofen auf 190 °C/Gas Stufe 5 vorheizen. Eine Springform ausfetten und mit Mehl bestäuben.

Tip

Mit einer Küchenmaschine sind Möhre und Birne schnell vorbereitet. Für die Möhre den feinsten Reibvorsatz verwenden, dann auf das Stahlmesser umschalten und die gehackte (ungekochte) Birne pürieren.

2 Margarine in einer Schüssel schaumig schlagen, nach und nach Eier und Datteln einrühren. Möhre und Birnenpüree untermischen. (Man kann eine Küchenmaschine zum Mischen der Zutaten verwenden.)

3 Mehl und Backpulver in eine Schüssel sieben, Gewürze und Salz zugeben, dann die trockenen Zutaten unter die cremige Mischung heben.

4 Kuchenmischung in die vorbereitete Springform füllen und 25 Minuten backen, bis sich der Kuchen fest anfühlt. Kuchen aus der Form nehmen und auf einem Kuchengitter vollständig abkühlen lassen.

5 Für den Zuckerguß wird das Birnen- und Apfelmus in einem kleinen Topf erhitzt, bis es dünnflüssiger ist. Frischkäse in eine Schüssel geben, geschmolzenes Birnen- und Apfelmus und geriebene Orangenschale zugeben.

6 Guß gleichmäßig auf dem Kuchen verteilen. Mit Orangenschalenstreifen dekorieren und setzen lassen.

Nährwerthinweis

Pro Kuchen:	**15 BE**
Energie	1520 kcal/6384 kJ
Fett, insgesamt	73 g
gesättigtes Fett	20 g
mehrfach ungesättigtes Fett	16 g
einfach ungesättigtes Fett	13 g
Kohlenhydrate	176 g
Zucker, insgesamt	63 g
Stärke	112 g
Ballaststoffe	24,8 g
Natrium	2264 mg

Nußkuchen mit Zitronen

Sparen Sie bei diesem Kuchen nicht mit der Zitronenschale – sie verleiht dem Kuchen den gewissen Pfiff.

Zutaten

Für 1 Kuchen von 20 cm Durchmesser

1 große Banane, ca. 150 g
225 g fettarme Margarine
150 g Datteln, getrocknet, entsteint
5 kleine Eier
300 g Vollkornmehl, oder halb Vollkornmehl und halb einfaches weißes Mehl
75 g gehackte Walnüsse
4 große Zitronen

1 Backofen auf 180 °C/Gas Stufe 4 vorheizen. Eine tiefe Springform leicht einfetten. Boden mit Pergament- oder Antihaft-Backpapier auslegen.

Tips

Falls die getrockneten Datteln zu hart sind, sollten sie in kochendem Wasser 10 Minuten eingeweicht werden; vor der Verwendung abtropfen lassen.

Vergewissern Sie sich, daß Sie einfache getrocknete Datteln kaufen, und keine gehackten, mit Zucker überzogene.

Kaufen Sie gehackte Walnüsse im Supermarkt – sie sind preiswerter als halbe entschalte Walnüsse.

2 Banane kleinschneiden. Mit Margarine und Datteln mixen.

3 1 Ei und 1 EL Mehl in die schaumige Mischung geben. Kurz mixen, dann die restlichen Eier nach und nach hineingeben. Für jedes Ei einen weiteren EL Mehl zugeben.

4 Die Mischung in eine Schüssel geben, restliches Mehl und die Walnüsse unterheben.

5 Schale von drei Zitronen abreiben, dünne Streifen von 1 Zitronenschale schälen (für die Dekoration). Saft von 2 Zitronen pressen, dann die geriebene Zitronenschale und den Saft in die Mischung rühren.

6 Mischung in die Form füllen. 50–60 Minuten backen (Stäbchenprobe: an einem hineingedrückten Holzstäbchen soll kein Teig mehr kleben). Auf einem Gitter abkühlen lassen. Mit Zitronenschalenstreifen dekorieren.

Nährwerthinweis

Pro Kuchen:	**23 BE**
Energie	2845 kcal/11900 kJ
Fett, insgesamt	163 g
gesättigtes Fett	34 g
mehrfach ungesättigtes Fett	62 g
einfach ungesättigtes Fett	55 g
Kohlenhydrate	280 g
Zucker, insgesamt	90 g
Stärke	190 g
Ballaststoffe	34 g
Natrium	1660 mg

Apfel-Zimt-Kuchen

Ein saftig würziger Kuchen für Lunchpakete oder zum Nachmittagskaffee.

ZUTATEN

Für eine quadratische Form von 20 cm

115 g fettarme Margarine, plus Extramenge zum Ausfetten
200 g getrocknete, entsteinte Datteln
1–2 säuerliche Äpfel oder 1 Kochapfel, ca. 225 g
2 1/2 TL gemischte Gewürze
1/2 TL Salz
75 g Rosinen
2 kleine Eier, geschlagen
150 g Vollkornmehl, gesiebt
115 g Kichererbsenmehl, gesiebt mit 2 TL Backpulver
175 ml ungesüßte Kokosmilch

1 Backofen auf 180 °C/Gas Stufe 4 vorheizen. Form leicht ausfetten und Boden mit Antihaft-Backpapier auslegen. Margarine und Datteln in der Küchenmaschine mixen. Apfel oder Äpfel schälen, Kerngehäuse entfernen und reiben; zusammen mit Gewürzen und Salz zur Margarine-Dattel-Mischung geben. Dann zu einem gut durchgemischten Teig verarbeiten.

2 Apfel-Dattel-Mischung in eine Schüssel geben und Rosinen und Eier abwechselnd mit Mehl, Backpulver und Kokosmilch unterheben. In die Form füllen und die Oberfläche glätten.

3 30–40 Minuten backen, bis er goldbraun ist und sich fest anfühlt. Bei der Stäbchenprobe sollte kein Teig haften bleiben. Kuchen in der Form 15 Minuten abkühlen lassen, bevor er auf ein Kuchengitter gestürzt wird.

NÄHRWERTHINWEIS

Pro Kuchen:	**25 BE**
Energie	2036 kcal/8588 kJ
Fett, insgesamt	72 g
gesättigtes Fett	4,5 g
mehrfach ungesättigtes Fett	18,5 g
einfach ungesättigtes Fett	28 g
Kohlenhydrate	300 g
Zucker, insgesamt	150 g
Stärke	147 g
Ballaststoffe	34,4 g
Natrium	2412 mg

Bananenbrot

Die überreifen Bananen, die man meist recht preiswert in Supermärkten bekommt, eignen sich hervorragend für diesen Kuchen.

ZUTATEN

Ergibt 1 Laib

115 g fettarme Margarine, plus Extramenge zum Ausfetten
1 TL Natron
225 g Vollkornmehl
2 Eier, geschlagen
3 sehr reife Bananen
2–3 EL ungesüßte Kokos- oder Sojamilch

1 Backofen auf 180 °C/Gas Stufe 4 vorheizen. Kastenform einfetten und Boden mit Pergamentpapier auslegen. Margarine in einer Schüssel schaumig schlagen. Natron mit dem Mehl sieben, dann zu der schaumigen Margarine abwechselnd mit den Eiern geben.

NÄHRWERTHINWEIS

Pro Laib:	**18 BE**
Energie	1616 kcal/5090 kJ
Fett, insgesamt	66 g
gesättigtes Fett	17,5 g
mehrfach ungesättigtes Fett	15,2 g
einfach ungesättigtes Fett	26,5 g
Kohlenhydrate	215 g
Zucker, insgesamt	70 g
Stärke	145 g
Ballaststoffe	23,5 g
Natrium	2320 mg

2 Bananen schälen und in eine Schüssel schneiden. Gut zerdrücken und unter die Kuchenmischung rühren. Kokos- oder Sojamilch untermengen.

ABWANDLUNG

Sonnenblumenkerne sind eine gute Zugabe für den Bananenkuchen. Etwa 50 g kurz vor dem Backen in die Mischung geben.

3 Die Mischung in die Kastenform füllen und die Oberfläche mit einem Löffel glätten. Ca. 75 Minuten backen, bis ein in die Teigmitte geschobenes Holzstäbchen (Zahnstocher) ohne Teigreste wieder zum Vorschein kommt. Das Bananenbrot auf einem Kuchengitter abkühlen lassen.

Kräftiger Früchtekuchen

Eignet sich gut als Weihnachts- oder Geburtstagskuchen, aber sein relativ hoher Fett- und Naturzuckergehalt bedeutet, daß er nur ein gelegentlicher Leckerbissen für Diabetiker sein sollte.

Zutaten

Für einen Kuchen von 20 cm Durchmesser

1 große Orange, geviertelt und entkernt, ungeschält
1 große Zitrone, geviertelt und entkernt, ungeschält
1 großer Kochapfel, Kerngehäuse entfernt, geviertelt, ungeschält
90 g entkernte Datteln
75 g fettarme Margarine
75 g Haselnußbutter
90 g Rosinen
90 g Korinthen
90 g Sultaninen
90 g eßfertige entkernte Pflaumen, gehackt
50 g Cashew-Nüsse, gehackt
1 TL gemahlener Zimt
1 TL geriebene Muskatnuß
1/2 TL Muskatblüte
1/2 TL gemahlene Nelken
115 g Vollkornmehl
1 1/2 TL Backpulver
115 g Haferflocken, eingeweicht
3 große Eier, geschlagen
45–60 ml ungesüßte Kokos- oder Reismilch, nach Wunsch

Nährwerthinweis

Pro Kuchen:	37 BE
Energie	3087 kcal/12990 kJ
Fett, insgesamt	125 g
gesättigtes Fett	30 g
mehrfach ungesättigtes Fett	27 g
einfach ungesättigtes Fett	56 g
Kohlenhydrate	440 g
Zucker, insgesamt	285 g
Stärke	160 g
Ballaststoffe	38 g
Natrium	2200 mg

1 Backofen auf 150 °C/Gas Stufe 2 vorheizen. Eine tiefe, runde Form fetten, mit Pergamentpapier auslegen.

2 Orange, Zitrone und Apfel in einer Küchenmaschine vermengen. Datteln, Pflanzenfett und Nußbutter zugeben und zu grobem Püree verarbeiten.

3 Mischung in eine Schüssel geben; Rosinen, Korinthen, Sultaninen, Pflaumen, Nüsse, Gewürze einrühren.

4 Mehl, Backpulver und Haferflocken abwechselnd mit den geschlagenen Eiern einrühren.

5 Wenn die Mischung zu trocken ist, Kokos- oder Reismilch einrühren.

6 Kuchenmischung in die Form füllen und 1 Stunde backen (Stäbchenprobe durchführen). Auf einem Kuchengitter abkühlen lassen.

Malzbrot mit Früchten

ZUTATEN

Für 1 Laib
250 g Vollkornfertigmehl (mit Backpulverzusatz)
eine Prise Salz
1/2 TL Natron
175 g Trockenobst
1 TL Malzextrakt
250 ml entrahmte Milch
evtl. fettarme Margarine zum Servieren

TIP

Mischen Sie Trockenobst; wählen Sie zwischen Sultaninen, Rosinen und Korinthen, oder geben Sie gehackte getrocknete Birnen, Aprikosen oder Mangos dazu.

1 Backofen auf 160 °C/Gas Stufe 3 vorheizen. Kastenform (23 x 13 cm) ausfetten. Boden mit Antihaft-Backpapier auslegen. Mehl, Salz und Natron in eine Schüssel sieben. Trockenobst einrühren.

2 Malzextrakt und Milch in einem Topf erhitzen; rühren, bis der Malzextrakt aufgelöst ist. Zu den trockenen Zutaten geben und gut vermischen.

3 Mischung in die Form füllen. 45 Minuten backen, bis bei der Holzstäbchenprobe kein Teig mehr haften bleibt. Auf einem Kuchengitter abkühlen lassen. In Scheiben servieren, evtl. mit fettarmer Margarine.

NÄHRWERTHINWEIS

Pro Laib:	**25 BE**
Energie	1330 kcal/5670 kJ
Fett, insgesamt	6,5 g
gesättigtes Fett	1 g
mehrfach ungesättigtes Fett	2,5 g
einfach ungesättigtes Fett	7,5 g
Kohlenhydrate	295 g
Zucker, insgesamt	138 g
Stärke	155 g
Ballaststoffe	26 g
Natrium	1015 mg

Schokoladen-Pflaumen-Kuchen

Dank des Kichererbsenmehls ist dieser Kuchen reich an löslichen Ballaststoffen, obwohl er auch einen hohen Zuckergehalt hat – genießen Sie ihn daher nur gelegentlich.

ZUTATEN

Für eine Form von 20 cm Durchmesser
300 g Bitterschokolade
150 g fettarme Margarine
200 g eßfertige, entsteinte Pflaumen, geviertelt
3 Eier, geschlagen
150 g Kichererbsenmehl, gesiebt mit 2 TL Backpulver
120 ml Kokos-, Reis- oder Sojamilch

1 Backofen auf 180 °C/Gas Stufe 4 vorheizen. Tiefe, runde Kuchenform fetten; mit Antihaft-Backpapier auslegen. Schokolade in einer Schüssel im heißen Wasserbad schmelzen.

2 Margarine und Pflaumen mixen, bis eine locker leichte Mischung entsteht; dann in eine Schüssel geben.

3 Nach und nach geschmolzene Schokolade und Eier, abwechselnd mit der Mehlmischung, unterheben. Kokos-, Reis- oder Sojamilch kräftig einrühren.

TIP

Für diesen Kuchen Bitterschokolade mit hohem Kakaoanteil (70 %) verwenden.

4 Mischung in die Form füllen, Oberfläche mit einem Löffel glätten und 20–30 Minuten backen, bis der Kuchen sich fest anfühlt. Bei der Stäbchenprobe sollte kein Teig mehr haften bleiben. Vor dem Servieren auf einem Kuchengitter abkühlen lassen.

NÄHRWERTHINWEIS

Pro Kuchen:	**28 BE**
Energie	3178 kcal/13315 kJ
Fett, insgesamt	174 g
gesättigtes Fett	74 g
mehrfach ungesättigtes Fett	24 g
einfach ungesättigtes Fett	63 g
Kohlenhydrate	340 g
Zucker, insgesamt	260 g
Stärke	72 g
Ballaststoffe	35 g
Natrium	2640 mg

Schokoladenplätzchen

Diese Plätzchen sind hocharomatisch und einfach unwiderstehlich. Genießen Sie sie zum Kaffee.

ZUTATEN

Für 20 Stück

150 g fettarme Margarine
150 g entsteinte Datteln, in kochendem Wasser eingeweicht, abgetropft und fein gehackt
150 g Vollkornfertigmehl (mit Backpulverzusatz)
2 TL Backpulver
4 EL Kakaopulver aufgelöst in 2 EL heißem Wasser
4 EL Apfel- und Birnenmus
90 ml ungesüßte Kokosmilch
50 g Walnüsse oder Pekannüsse, grob in Stücke gebrochen

1 Backofen auf 160 °C/Gas Stufe 3 vorheizen. Flache Backschale von 28 x 18 cm ausfetten. Margarine mit den Datteln schaumig rühren. Mehl mit Backpulver sieben und unter die schaumige Mischung abwechselnd mit dem Kakao, Apfel- und Birnenmus und der Kokosmilch heben. Nüsse einrühren.

2 Mischung in die Schale füllen, glattstreichen und ca. 45 Minuten backen, bis bei der Stäbchenprobe kein Teig mehr haften bleibt. Einige Minuten in der Schale abkühlen lassen, dann in Riegel oder Quadrate schneiden. Auf einem Kuchengitter abkühlen lassen.

NÄHRWERTHINWEIS

Pro Plätzchen:	1 BE
Energie	91 kcal/ 382kJ
Fett, insgesamt	5,6 g
gesättigtes Fett	1,4 g
mehrfach ungesättigtes Fett	2 g
einfach ungesättigtes Fett	2 g
Kohlenhydrate	8,3 g
Zucker, insgesamt	3,12 g
Stärke	5,15 g
Ballaststoffe	1,3 g
Natrium	142 mg

Würzige Sultaninen-Muffins

Ein Glanzlicht für jedes Sonntagsfrühstück! Diese Kuchenbrötchen sind einfach zuzubereiten und benötigen keine lange Backzeit.

ZUTATEN

Für 6 Stück

6 EL fettarme Margarine
1 kleines Ei
120 ml ungesüßte Kokosmilch
150 g Vollkornmehl
1 1/2 TL Backpulver
1 TL gemahlener Zimt
eine gute Prise Salz
115 g Sultaninen

1 Backofen auf 190 °C/Gas Stufe 5 vorheizen. 6 Muffin- o. tiefe Plätzchenformen fetten. Margarine, Ei und Kokosmilch in einer Schüssel schlagen.

2 Mehl, Backpulver, Zimt und Salz über die Mischung sieben, unterheben und gut mischen. Sultaninen zugeben. Masse auf die Formen verteilen.

3 20 Minuten backen, bis die Muffins gut aufgegangen sind und sich fest anfühlen. Vor dem Servieren leicht auf einem Kuchengitter abkühlen lassen.

TIP

Diese Muffins schmecken kalt ebenso gut. Sie eignen sich auch zum Einfrieren in Gefrierbeuteln. Zum Servieren über Nacht oder in der Mikrowelle auftauen lassen, dann im Backofen kurz erwärmen.

NÄHRWERTHINWEIS

Pro Muffin:	1 BE
Energie	123 kcal/514 kJ
Fett, insgesamt	6,3 g
gesättigtes Fett	1,75 g
mehrfach ungesättigtes Fett	1,35 g
einfach ungesättigtes Fett	2,65 g
Kohlenhydrate	14,85 g
Zucker, insgesamt	14,35 g
Stärke	0,5 g
Ballaststoffe	0,4 g
Natrium	278,5 mg

Haferflockenplätzchen

Knusprige Haferflockenplätzchen – vorzüglich für Picknicks und Lunchpakete.

Zutaten

Für 16 Stück
115 g fettarme Margarine
60 ml Reissirup
50 g Vollkornmehl
225 g Haferflocken
50 g Pinienkerne

1 Backofen auf 180 °C/Gas Stufe 4 vorheizen. Eine flache Backschale (Ø 20 cm) mit geölter Folie auslegen. Margarine und Reissirup in einem kleinen Topf über niedriger Hitze schmelzen, dann Mehl, Haferflocken und Pinienkerne einrühren, bis alles gut vermischt ist.

2 Mischung in die Schale füllen und mit den Fingern glattdrücken. Leicht andrücken, 25–30 Minuten backen, bis die Plätzchen leicht gebräunt sind. Im noch warmen Zustand Quadrate in der Schale abstechen, leicht abkühlen lassen, dann aus der Schale heben und auf einem Kuchengitter abkühlen lassen.

Tip

Die Sirupmischung nicht kochen, sonst werden die Haferflockenplätzchen klebrig.

Nährwerthinweis

Pro Plätzchen:	1 BE
Energie	122 kcal/513 kJ
Fett, insgesamt	6,4 g
gesättigtes Fett	1,2 g
mehrfach ungesättigtes Fett	2,55 g
einfach ungesättigtes Fett	2,35 g
Kohlenhydrate	14,3 g
Zucker, insgesamt	1,45 g
Stärke	11,05 g
Ballaststoffe	1,35 g
Natrium	54,1 mg

Ingwerplätzchen oder Lebkuchenmänner

Zutaten

Für 8 Lebkuchenmänner/10–12 Plätzchen
115 g einfaches Mehl, gesiebt
1 1/2 TL gemahlener Ingwer
geriebene Schale von 1 Orange und 1 Zitrone
5 EL Birnen- und Apfelmus
2 EL fettarme Margarine
Korinthen und Rosinen zum Dekorieren

Nährwerthinweis

Pro Lebkuchenmann:	1 BE
Energie	85 kcal/360 kJ
Fett, insgesamt	1,5 g
gesättigtes Fett	0,4 g
mehrfach ungesättigtes Fett	0,5 g
einfach ungesättigtes Fett	0,55 g
Kohlenhydrate	17,25 g
Zucker, insgesamt	5,85 g
Stärke	11,4 g
Ballaststoffe	0,5 g
Natrium	23,1 mg

1 Backofen auf 180 °C/Gas Stufe 4 vorheizen. Mehl, Ingwer und Orangen- und Zitronenschale in einer Schüssel mischen. Birnen- und Apfelmus mit Margarine in einem kleinen Topf über niedriger Hitze schmelzen.

2 Mischung aus Birne, Apfel und Margarine, sobald sie geschmolzen ist, in die trockenen Zutaten einrühren. Zu einem festen Teig verarbeiten, in Klarsichtfolie wickeln und 2–3 Stunden kühl stellen.

3 Teig auf einer leicht bemehlten Arbeitsfläche auf 5 mm Dicke ausrollen. Lebkuchenmänner mit einer Ausstechform ausstechen. Alternativ 10–12 Kreise (Ø 7 cm) ausstechen.

4 Die Lebkuchenmänner erhalten Korinthenaugen und Rosinennasen. Mit der Messerspitze wird ein Mund in den Teig gezogen. Plätzchen auf ein leicht bemehltes Backblech legen und 8–10 Minuten backen. Auf einem Kuchengitter abkühlen lassen.

Früchte-Schokoladen-Kugeln

Schön verpackt sind die Kugeln auch ein individuelles Geschenk.

Zutaten

Für 20 Stück
50 g eßfertige, entsteinte Pflaumen oder Trockenaprikosen
50 g Sultaninen oder Rosinen
25 g eßfertige Trockenäpfel, -feigen oder -datteln
25 g Mandelblätter
25 g Hasel- oder Walnüsse
30–60 ml Zitronensaft
50 g feine Bitterschokolade

1 Früchte und Nüsse in einer Küchenmaschine oder einem Mixer zerkleinern. 30 ml Zitronensaft zugeben und erneut mixen. Mischung in eine Schüssel geben, ggf. mit Zitronensaft abschmecken.

2 Schokolade in einer feuerfesten Schüssel über köchelndem Wasser im Wasserbad schmelzen. Die Früchtemischung zu kleinen Kugeln rollen. Mit einer Zange oder zwei Gabeln die Kugeln in der geschmolzenen Schokolade rollen. Falls die Schokolade zu zähflüssig wird, wieder leicht erhitzen.

Nährwerthinweis

Pro Kugel:	
Energie	42 kcal/176 kJ
Fett, insgesamt	2,3 g
gesättigtes Fett	0,55 g
mehrfach ungesättigtes Fett	0,8 g
einfach ungesättigtes Fett	0,8 g
Kohlenhydrate	4,95 g
Zucker, insgesamt	4,85 g
Stärke	0,05 g
Ballaststoffe	0,5 g
Natrium	1,9 mg

Apfel-Dattel-Bällchen

Zutaten

Für 20 Stück
1 kg Kochäpfel oder Birnen
115 g getrocknete, entsteinte Datteln
250 ml Apfelsaft
1 TL gemahlener Zimt
50 g feingehackte Walnüsse

Nährwerthinweis

Pro Bällchen:	1 BE
Energie	47 kcal/198 kJ
Fett, insgesamt	1,8 g
gesättigtes Fett	0,15 g
mehrfach ungesättigtes Fett	1,25 g
einfach ungesättigtes Fett	0,3 g
Kohlenhydrate	7,6 g
Zucker, insgesamt	7,6 g
Stärke	–
Ballaststoffe	1 g
Natrium	1,9 mg

1 Ungeschälte Früchte halbieren, in einen Topf mit schwerem Boden geben. Datteln, Apfelsaft und Zimt zugeben. Bei geringer Hitze 4–6 Stunden dünsten, dabei gelegentlich rühren, bis eine recht trockene Masse entstanden ist. In eine Schüssel geben, abkühlen lassen, dann die Mischung zu Bällchen rollen. Nüsse unter dem Grill braun rösten.

2 Bällchen in der Nußmischung wälzen, einzeln in Bonbon- oder Cellophanpapier wickeln, luftdicht lagern.

Abwandlung

Nehmen Sie gemahlenen Zimt und Ingwer (Verhältnis 1:1) statt des 1 TL Zimt.

Vollkorn-Käse-Scones

Am besten schmecken diese Brötchen warm, mit etwas Sonnenblumenmargarine.

Zutaten

Für 15 Stück
450 g Vollkornmehl
Prise Salz
2 TL Backpulver
115 g Parmesan, gerieben
50 g Sonnenblumenmargarine
150–300 ml Buttermilch (siehe Tip)

Tip

Falls Sie keine Buttermilch bekommen, säuern Sie entrahmte Milch, indem Sie einen Spritzer Zitronensaft einrühren. Lassen Sie die Mischung 10 Minuten stehen.

1 Backofen auf 200 °C/Gas Stufe 6 vorheizen. Mehl, Salz, Backpulver und Parmesan in einer Schüssel mischen. Margarine mit den Fingerspitzen einkneten, bis die Mischung Brotkrümeln ähnelt. Dann schnell genügend Buttermilch einrühren, bis Sie einen feuchten Teig erhalten.

2 Teig auf einem leicht bemehlten Brett zu einer Dicke von 4 cm flachdrücken oder ausrollen.

3 Mit einer runden Ausstechform (Ø 7 cm) 15 Kreise ausstechen. Kreise auf ein bemehltes Backblech legen, ca. 10 Minuten backen. Die Backzeit hängt von der Dicke der Brötchen ab. Sie sollten gut aufgegangen und leicht gebräunt sein. Warm, halbiert mit etwas Sonnenblumenmargarine servieren.

Nährwerthinweis

Pro Brötchen:	2 BE
Energie	160 kcal/674 kJ
Fett, insgesamt	5,95 g
gesättigtes Fett	2,25 g
mehrfach ungesättigtes Fett	1,55 g
einfach ungesättigtes Fett	1,7 g
Kohlenhydrate	20,4 g
Zucker, insgesamt	1,65 g
Stärke	18,8 g
Ballaststoffe	2,7 g
Natrium	196,6 mg

Adressen und Glossar

Hilfreiche Organisationen

Unter folgenden Adressen erhalten Diabetiker weitere Informationen.

Diabetes Akademie Bad Mergentheim e.V.
Theodor-Klotzbücher-Str. 12
97990 Bad Mergentheim
Tel. 07931/8015
Fax 07931/7750
E-Mail: Diabetes.Akademie@diabetes-zentrum.de

Deutscher Diabetikerbund
Bundesgeschäftsstelle
Danziger Weg 1
58511 Lüdenscheid
Tel. 02351/98 91 53
Fax 02351/98 91 50

Deutsche Diabetes-Union
Prof. Dr. med. H. Mehnert
Drosselweg 16
82152 Krailling
Tel. 089/8 57 12 49
Fax 089/8 57 64 88

Deutsche Diabetes-Gesellschaft
Geschäftsführer Gerd-Peter Buyken
Bürkle de la Camp PLatz 1
44789 Bochum
Tel. 0234/93 09 56
mobil 0171/32 84 930

Bund diabetischer Kinder und Jugendlicher
Hahnbrunner Str. 46
67659 Kaiserslautern
Tel. 0631/76448
Fax 0631/97222
E-Mail: Diabeteskl@aol.com

Glossar der Grundbegriffe

Adrenalin – Hormon zur Bewältigung von Streßsymptomen, das im Nebennierenmark produziert wird.

Arteriosklerose – Verhärtung oder Verkalkung der Arterien.

Bauchspeicheldrüse – eine Drüse, die hinter dem Magen, vor dem Rückgrat liegt. Die Bauchspeicheldrüse produziert Insulin und andere Verdauungshormone.

Blutzucker – Glukosespiegel im Blut (auch als Blutglukose bekannt), bei Diabetikern normalerweise erhöht.

Diabetes mellitus – Zustand eines erhöhten Blutzuckerspiegels.

Diuretika – wasserausschwemmende Mittel.

Erwachsenendiabetes – Diabetes bei Menschen über 30 und normalerweise nicht insulinabhängig.

Glukose – einfacher Zucker in Kohlenhydraten (Traubenzucker), der eine der Hauptenergiequellen der Körperzellen darstellt.

Glykogen – die Form, in der Glukose im Blut gespeichert wird.

Glykosurie – Zucker oder Glukose im Harn.

Hyperglykämie – Überzuckerung oder zuviel Zucker oder Glukose im Blut.

Hypoglykämie – Unterzuckerung oder zu wenig Zucker oder Glukose im Blut.

Insulin – ein in der Bauchspeicheldrüse produziertes Hormon, das der Glukose den Eintritt in die Blutbahn ermöglicht.

Insulinrezeptor – Stelle auf einer Zelle, an die das Insulin »andockt«, damit die Glukose durch die Zellwand dringt.

Jugenddiabetes – Diabetes im jugendlichen Alter, nahezu immer insulinabhängig.

Ketoazidose – Bei gestörtem Glukosestoffwechsel wird eine große Menge saurer Ketokörper gebildet, die die Utilisierungsmöglichkeit der Muskulatur beeinträchtigt.

Ketone – Produkte aus dem Fettabbau, der wiederum durch starken Insulinmangel verursacht wird. Sie riechen nach Azeton und sind ein Symptom schwerer Überzuckerung.

Neuropathie – eine Abnormität der Nervenfunktion. Autonome Neuropathie ist die teilweise Funktionsstörung der Nerven, die die automatischen Körperfunktionen steuern. Periphere Neuropathie bedeutet, daß die Nerven in Armen und Beinen betroffen sind.

Polyurie – starke Harnvermehrung.

Retinopathie – Abnormität der Netzhaut im Auge, häufig durch Diabetes verursacht.

Typ-I-Diabetes – ein Zustand, bei dem die Bauchspeicheldrüse die Insulinproduktion eingestellt hat. Die einzig mögliche Behandlung besteht in Insulininjektionen.

Typ-II-Diabetes – ein Zustand, bei dem die Bauchspeicheldrüse noch Insulin produziert, aber nicht ausreichend oder nicht effektiv arbeitet; wird normalerweise mit Diät und glukosesenkenden Arzneimitteln behandelt.

Zystitis – Harnblasenentzündung.

Register